U0547460

名师工程
教师成长系列

新教师
轻松入职50问

曾佑惠 ◎ 主编

西南师范大学出版社
国家一级出版社 全国百佳图书出版单位

图书在版编目(CIP)数据

新教师轻松入职50问/曾佑惠主编. — 重庆:西南师范大学出版社,2020.10(重印2021.10)
ISBN 978-7-5697-0429-7

Ⅰ.①新… Ⅱ.①曾… Ⅲ.①师资培养 Ⅳ.①G451.2

中国版本图书馆CIP数据核字(2020)第167991号

新教师轻松入职50问
XINJIAOSHI QINGSONG RUZHI 50 WEN

曾佑惠　主编

责任编辑：赖晓玥
封面设计：戴永曦
排　　版：吕书田
出版发行：西南师范大学出版社
　　　　　地址:重庆市北碚区天生路2号
　　　　　邮编:400715
　　　　　市场营销部电话:023-68868624
印　　刷：重庆荟文印务有限公司
幅面尺寸：170mm×240mm
印　　张：14.25
字　　数：370千字
版　　次：2020年12月 第1版
印　　次：2021年10月 第2次印刷
书　　号：ISBN 978-7-5697-0429-7
定　　价：42.00元

《名师工程》系列丛书

学术指导委员会

主　任　顾明远

委　员　陶西平　李吉林　钱梦龙　朱永新　顾泠沅　马　立
　　　　　朱小蔓　张兰春　宋乃庆　陈时见　魏书生　田正平
　　　　　张斌贤　靳玉乐　石中英　钱理群

编撰委员会

主　任　马　立　宋乃庆

委　员　卞金祥　曹子建　陈　文　邓　涛　窦桂梅　冯增俊
　　　　　高万祥　郭元祥　贺　斌　侯一波　胡　涛　黄爱华
　　　　　蓝耿忠　李韦遴　李淑华　李远毅　李镇西　李力加
　　　　　李国汉　刘良华　刘海涛　刘世斌　刘扬云　刘正生
　　　　　林高明　鲁忠义　马艳文　缪水娟　闵乐夫　齐　欣
　　　　　沈　旎　施建平　石国兴　孙建锋　孙志毅　陶继新
　　　　　田福安　王斌兴　魏　群　魏永田　吴　勇　肖　川
　　　　　谢定兰　熊川武　徐　斌　徐　莉　徐　勇　徐学福
　　　　　徐永新　严永金　杨连山　杨志军　余文森　袁卫星
　　　　　张爱华　张化万　张瑾琳　张明礼　张文质　张晓明
　　　　　张晓沛　赵　凯　赵青文　郑忠耀　周安平　周维强
　　　　　周亚光　朱德全　朱乐平

序

　　强国必先强教,强教必先强师。教师是立教之本,兴教之源,是加快教育现代化,建设教育强国,办好人民满意的教育的关键。党和国家历来高度重视教师工作,党的十八大以来,以习近平同志为核心的党中央将教师队伍建设摆在突出位置,作出一系列重大决策部署,培养造就了数以万计的合格教师,有力地支撑着世界上最大规模的教育体系。尤其是2018年1月颁布实施了《中共中央国务院关于全面深化新时代教师队伍建设改革的意见》(以下简称《意见》),这是我国首次以中共中央、国务院名义发布的关于教师队伍建设的专项文件,将教师队伍建设问题提到了前所未有的高度。

　　《意见》强调,全面提高中小学教师质量,建设一支高素质专业化的教师队伍。教师专业发展是教师不断成长、不断更新理念、不断加强师德修养、不断接受专业知识和新知识、不断提高教学能力和科研能力的过程。教师专业发展包括职前培养、新任教师培养培训和在职培训三个阶段。其中新教师培养难度较大,是我国教师专业发展较为薄弱的环节。新教师是教师队伍的重要组成部分,仅基础教育阶段全国每年就有几十万新教师补充进入教师队伍,对于新教师自身而言,初入教坛的几年是职业生涯最困难的几年,如何备课、如何上课、如何进行班级管理、如何与学生进行有效沟通等,都是新教师必然面临的现实问题;对于中小学校而言,提高新教师的专业水平是它们普遍面临的难题。因此,对新教师专业发展进行有效引导十分必要。世界上不少国家为此出台专门的新教师指导政策。如欧洲教育工会委员会倡导各国至少为新教师设立一年的入门指导期,为新教师提供系统指导和个人、社交及专业方面的帮助。

　　在我国,地方教师培训机构是负责教师专业发展的重要机构。国家专门强调"建立健全地方教师发展机构和专业培训者队伍"。璧山区是重庆的"西大门",是国家级高新区,区内有4600多名教师,每年有200多名新教师入职。重庆市璧山区教师进修学校原校长曾佑惠女士敏锐地察觉到新教师发展的重要性,组织团队编写了《新教师轻松入职50问》,围绕班主任工作、备课、上课、听评课、批改作业、沟通、自我调控、信息技术应用、终身学习等问题,提出和回应了新教师可能遇到的

50个问题,同时每个问题之后都附有专家点评。这50个问题也切切实实是新教师入职时可能遭遇的。其中文字深入浅出、通俗易懂,具有一定的可读性和可操作性。这样"问题引领"风格的编著也让我想到了享誉世界的苏联教育家苏霍姆林斯基的《给教师的一百条建议》,其中同样列举了教师教育教学工作中会遇到的一些具体问题,如怎样检查练习本、怎样学习别的教师的经验、怎样才能使儿童愿意好好学习、怎样对待学习有困难的儿童、怎样听课和分析课等等。就是这样100条质朴的建议和论述,使《给教师的一百条建议》成为教育史上尤其是教师专业发展领域颇具影响的论著。在曾佑惠校长的《新教师轻松入职50问》中,我们似乎可以看到这本经典之作的影子。相信它对于新教师专业发展具有一定的参考和借鉴价值。尽管书中还有不少值得商榷的地方,也还存在这样那样的问题,但对于一部从区域产生的论著而言,已属不易。

曾佑惠校长步入教师教育战线时间不长,她基于区域发展的现实需要,克服诸多困难,组织团队形成了颇有特色和引领价值的成果,足见其是一位有思想、有情怀、有担当的教师教育工作者。应曾佑惠校长一再邀请,略述几句,是为序。

西南大学[1]

2020年5月28日

---

[1] 宋乃庆系西南大学二级教授、博导,国家教学名师,当代教育名家。中国基础教育质量监测协同创新中心首席专家,教育部西南基础教育课程研究中心主任。原西南师范大学校长、西南大学原常务副校长。

序 言

物物一太极。这是说万事万物都有阴有阳,都有道。

做好课堂教学、课程建设、班级管理、家校互动、课题研究等工作,就当下而言就是好教师了;然而要想成为教育家型的教师,甚至成为教育家,还远远不够。因为没有触摸阴阳、把控阴阳。如果说课堂教学、课程建设、班级管理等工作是看得见的"阳",教育思想、教育情怀、教育格局等则是看不见的"阴"。如果仅仅在其中一方面下功夫,则"孤阴不生,独阳不长"。这正是许多教师努力成长却难以跃迁的深层次原因。只有兼顾前者与后者,甚至更加注重后者,才能把控阴阳、合道发展,升华自己的职业生命。

名师工作室也一样,必须要厘清阴阳,这是至关重要的问题。就全国的名师工作室而言,厘清阴阳的并不多。多数名师工作室都是在课堂改革、课程开发、专业阅读等层面下功夫,而缺乏对情怀、格局、境界等的研习。这是一个亟待破解的行业难题。要破解这一难题,就必须超越既有的培训理念、成长路径,用新思维、新策略、新路径来重新定义名师工作室。

在这方面,我欣喜地看到,重庆市璧山区曾佑惠德育工作室在超越既有理念与路径方面,已经迈出了关键一步。

在我看来,在全国教育领域,曾佑惠德育工作室是一个与众不同的工作室。

大多数名师工作室都有比较高的门槛,但曾佑惠德育工作室的成员绝大多数都是没有什么经验的年轻教师,有的甚至刚入职不久。作为工作室主持人,曾佑惠看重的不是经验、职称、资历、论文、证书等外在因素,而是发自内心地对德育感兴趣,有专业化成长的内在意愿。工作室经常搞活动,但从不签到、点名,几乎没什么纪律。但就是在这样一个看似松散的工作室,成员却充满激情、成长迅速、成果不断。

曾佑惠是一个热爱教育、善于学习、追求卓越的人。疫情期间,国人深居简出,有了更多居家休息的时间,但曾佑惠丝毫不比平时清闲:在处理好教师进修学校工作的基础上,与工作室成员互动,布置任务、把关指导;与专家互动,思维碰撞,激发灵感。作为她的朋友,我在接她电话、看她微信时往往会有些许的"精神紧张",因为接连不断的"任务",但这些"任务"又让我欲罢不能,因为我深爱教育。

在工作室运行过程中，曾佑惠坚持外出培训自主申报、研究课题自主生成、活动任务自主开展、成果交流自主展示……一切活动突出"自主、自创"。当然，成员自主的背后仍有工作室的把关与指导。这样的运行理念与方式，让工作室成员深深体验到了存在感、价值感，从根本上增强了工作室的吸引力、凝聚力。工作室成员在班级管理、日常教学中也有意识地采用这一方式，从性质上升级了师生关系、教学关系。

曾佑惠德育工作室是充满创意的。他们的最新成果——《新教师轻松入职50问》就是证明。该书从"班级管理与育德体验""教学准备与教学体验""角色适应与专业成长"三个维度，梳理出五十个问题，比如"如何准备一堂公开课""如何撰写课程纲要""如何应对家长的投诉""如何策划令人期待的家访"……这都是新入职教师、年轻教师普遍感到困惑的问题。

特别值得一提的是，该书是工作室成员集体创作的。这本身就是一种智慧：既通过任务分工、任务驱动成就了工作室成员，又产生了行业价值，为新入职教师、年轻教师破解了系列难题。

就新入职教师的培训、成长而言，全国各地都比较重视，持续优化，尤其是在变革培训理念、内容与形式方面创生了不少好经验，但普遍缺乏兼顾操作性、工具性、系统性的资料。从这个意义上讲，《新教师轻松入职50问》可谓填补了一项行业空白。

有功夫高手将武功分为三个境界：见自己，见天地，见众生。一个教师的成长也是如此，教师首先要"见自己"。曾佑惠及其名师工作室成员正在"见自己"。我期待他们共创的作品——《新教师轻松入职50问》能给教育行业，给更多的新教师朋友提供借鉴和参考，从而让更多的教育同人也能"见自己"。

是为序。

王占伟于北京

2020年4月9日

目 录

第一篇　班级管理与育德体验　1

如何在开学第一天做到忙而不乱　3
如何在第一个月就让班级做到井然有序　8
如何做好第一学期的班级文化建设　11
如何组织班级参加第一次升旗仪式　16
如何设计第一次班会课　19
如何策划第一次队会课　22
如何让游戏为班级赋能　27
如何策划一次令人难忘的活动　29
如何从学生名单中寻找教育契机　32
如何"吃"出好习惯　34
如何面对学生成长中的问题　40
如何与特需学生进行沟通　45
如何教育一个考试作弊的学生　53
如何激发"潜能生"的潜能　56
如何让学生成为最好的自己　61
如何让学生亲近老师　64
如何召开第一次家长会　68
如何召开考试之后的家长会　72
如何策划令人期待的家访　75
如何应对家长的投诉　79

第二篇　教学准备与教学体验　83

如何编写学期课程纲要　85
如何把握备课的关键要素　90
如何进行教学设计　94
如何轻松备好第一单元的课　97
如何轻松备好第一节课　101
如何准备一堂公开课　106
如何上好见面第一课　110
如何设计有效的教学问题
　　——以初中地理教学为例　113
如何智慧反馈课堂上学生的应答　117
如何开展有效的小组合作学习　121
如何设计指向思维提升的学习活动　125
如何用评价助力学生深度表达　130
如何进行"教—学—评一致性"的设计与实施　135
如何判断一堂课是好课　139
如何设计学生乐意做的作业　142
如何考出核心素养
　　——以区八年级上数学期末质量监测试卷第24题为例　146
如何听课评课　150
如何利用微课让教学锦上添花　157

第三篇　角色适应与专业成长　161

如何面对挫折　163
如何消除误解　166
如何做好时间管理　170
如何释放压力　174
如何应用信息化工具来武装自己　178
如何利用手机为自己助力　183
如何高效完成学校的宣传任务　188
如何用网络记录孩子们的美好童年　191

如何在反思中成长 194
如何与身边同事形成成长共同体 198
如何炼成名师 203
如何做好人生规划 207

后　记 212

参考文献 215

第一篇　班级管理与育德体验

　　即使是最好的儿童,如果生活在组织不好的集体里,也会很快地变成一群小野兽。

——马卡连柯

如何在开学第一天做到忙而不乱

何雯端[1]

班主任工作是一项极其艰辛和琐碎的工作。班主任在班级管理过程中,是组织者、领导者,是班级管理的核心,要想扮演好这个角色,绝非易事。通常,在管理中,最令新教师手忙脚乱的要数班级的日常事务的管理,因为日常事务千头万绪、十分杂乱。只有对一切工作心中有数、应对有方,才能做到井然有序、忙而不乱。下面我就来和新老师们谈谈在开学第一天如何做到忙而不乱。

一、开学前充分准备

(一)理头绪做规划,早准备不慌乱

每个新教师接手班主任工作,都是从学校开学后宣布人事工作开始的。新教师要听清学校的开学工作安排,根据时间和事务进行分类,给所有必须做的事情理出一个头绪,做好规划。比如:设计好报名流程,想好富有创意的、温暖的见面仪式;做好教室清洁,桌椅摆放整齐;提前构思好班级的布置,准备好物资;领取书本,提前做好分发安排;提前领取清洁用品和办公用品;提前在黑板上写好欢迎辞或者欢迎标语;提前记住全班学生的名字;向老教师请教,学习他们一些简单实用的管理小妙招和开学工作中最容易忽略的地方;等等。想得越细,你的开学准备才会越充分。

(二)接新生五步走,想周全建信任

第一步

我们在接手一年级新班的时候,通常都会在第一时间建立一个QQ群和微信群。因为一年级的孩子太小,很多事情班主任都需要跟家长进行联系。QQ群用于班级活动照片、方案等资料的收集保存,以及用于发布通知、布置作业;微信群则更

---

[1] 何雯端,重庆市璧山区实验小学教师、重庆市骨干班主任、重庆市优秀班主任、重庆市优秀少先队辅导员。

方便班主任与家长沟通,以及家长之间的交流反馈。当两个群建立好后,班主任一定要在群里宣布使用规则及要求,一定要做到两个群的职责和功能人人知晓,人人遵守。这两个群将是你与家长之间最重要的沟通桥梁,新班主任一定要用心去经营,才能收获良好的家校关系。

第二步

一年级学生家长对孩子未来的学习会感到很焦虑、很惶恐,他们对孩子的教育管理经验还停留在幼儿园,对如何科学教育孩子,如何配合老师管理孩子的学习和生活还不是很清楚,这就需要你尽可能地去设想他们可能不知道的一些常规问题,温馨提示他们:

(1)弄清学校的作息时间,根据自己家到学校的路程算好到校所用的时间,设定好接送孩子的时间,避免迟到。

(2)弄清孩子所在班级在学校门口的定点接送位置,尽量步行接送孩子,避免在校门口扎堆。

(3)弄清学校周围就近的公交线路,提前熟悉到校的线路,避免坐错车辆。

(4)了解家长入校的一些要求,提前知道一些规定,避免一些误会产生。

(5)开私家车接送孩子的家长,必须在指定地点接送,即停即走,避免道路拥挤。

(6)提醒孩子书包里装好干、湿纸巾,方便上厕所和就餐。

(7)熟悉班级的课程表,提前为孩子准备好相关用品。

…………

这些细致周到的提示,既可以让家长、学生心中有数,又可以减少一些不必要的突发情况,为开学当天的井然有序奠定基础。

第三步

一年级新生报名当天,新班主任是所有家长学生关注的焦点,所以班主任的一言一行都要稳重得体、亲切自然。新班主任可以让第一次见面富有仪式感,比如:

(1)与每个新入学的孩子合影。

(2)写一封给孩子们的欢迎信。

(3)举行郑重的发书仪式,和每一个孩子来个亲切的拥抱,聊聊家常。

用真诚的微笑和细致的准备,消除与家长、学生的陌生感,增进彼此之间的了解。

第四步

全体新生到齐后,新班主任便开始着手安排学生的座位和集合队列。学生座位建议按高矮顺序排,这是现在最流行也是最公平的排法。从教室左侧开始,从前往后坐,从左到右呈S形排位。由于一年级孩子的家长特别关注孩子的座位,班主任要及时告知家长,每个孩子的位置每周会从左往右依次轮换,再从前到后依次轮换,每个孩子都有坐任何位置的机会。只要家长看到老师的公平,就一定会支持、理解。集合队列是最让人头疼的,老师根据高矮排好的位置,一解散,孩子们就记不住了。对此,班主任可以提前准备四种颜色的号牌贴在孩子身上,让孩子记住颜色,记住号数,然后反复训练,帮助他们快速找回自己的位置。在进行队列编排的时候,要尽量让自制力较好的孩子站第一排,起到示范作用。

第五步

当天报名结束时,新班主任还可以组织一次简短的家长会。在会中,你要向大家做一个自我介绍,宣布班级大家庭的建立,分析班级的组成,告知家长需要在学习、生活、管理中支持、配合的一系列的事项,内容越细越好。然后再谈谈你对班级的长远设想,呼吁家长尽早做好孩子的成长规划等。这次家长会既是在开展班级工作,又是在向家长展示自己,只有认真准备才能快速获得家长的信任。

(三)接老班多了解,多角度获信息

如果你接手的不是一年级,而是其他年级,那么很有必要在开学前与原班主任进行一次详细的沟通,以便掌握班级的学习成绩、常规管理、班干部构成、班级制度、特殊学生等一系列的情况。接下来,你就应该尽快加入原班级的QQ群或微信群,向群里的家长和学生做一个详细的自我介绍,态度要真诚、热情。然后主动召集原班的班干部,召开班干部会议,更仔细地了解班级每个成员的特点,了解班级原来的一些管理常态,了解原来管理制度中的不足,及时和学生干部一起商讨解决的方案。找出班级中的一些特殊人员,组建帮扶小队对他们进行对点帮扶。最后,组织班级的家委会代表召开一次家委会,从家长的角度了解学生情况,表明自己的一片诚心。多角度的了解,全面准确地掌握班级情况,能让你心中有数,快速融入,掌控大局。

二、开学当日井然有序

充分的准备只为迎来开学第一天的气定神闲、忙而有序。但是开学第一天远没有想象中那么简单,还需要我们专注于常规工作的每一处细节,根据不同年龄段,分段要求,千万不要急于求成,否则将适得其反。

(一)集合有序

一个暑假过去,很多孩子已经忘记了自己的集合队列,因此班主任要在开学典礼开始前,提前10分钟复习队列,让学生找准自己的位置。虽然一年级孩子前一

天已经站过,但过了一天,很多人可能已经忘了,你可以通过提示颜色和号码,帮助他们找到自己的位置。班主任在前一天要提醒孩子第二天带上之前发的颜色号牌。找准位置后,班主任宣布集会的要求,可以编成类似的儿歌:"小嘴巴不讲话,对整齐不乱跑,认真听认真记,发言结束要鼓掌!"集会时,班主任和班级联盟老师分别站两头,监督孩子们遵守纪律。集会礼仪其实要求很多,但对于一年级孩子而言,开学第一天只要能找准位置、不讲话,就已经很棒了!

(二)就餐有序

就餐要根据学校的实际情况来定,不管在教室还是在食堂就餐,都要及时重温就餐礼仪,提前做好就餐的各项准备,如餐前上厕所、洗手等。就餐时,小组之间互相监督,做到文明有序。就餐结束后,轻放餐盘,做好卫生。第一天就餐,明确就餐流程、了解就餐礼仪是关键,可提前做几次就餐演练。

(三)清洁有序

提前拟好保洁人员名单定时保洁。保洁通常分为四次,第一次在晨读时间,第二次在课间操时间,第三次在中午,第四次在下午第一节课后。下午放学后的大扫除,可以采用包干到组,卫生区域或任务落实到人的方法,制成清洁任务分配表,让每个学生都明确自己的职责。低年级的班主任,还需要亲自示范,直观地让学生明确方法和标准。所以第一天,分工落实职责尤为重要。

(四)两操有序

低年级孩子的两操是最困难的,班主任需要联合体育老师,提前在班级群里让学生学习眼保健操和广播体操,讲解坚持做两操的目的和意义;及时训练广播体操的入场、退场顺序和行走路线,利用体育课及时教会学生做操。班主任除了加强指导以外,还要带头示范,鼓励学生积极认真做两操。要想在开学第一天做好两操有难度,特别是一年级,但是让孩子知道两操是哪两操,以及做操有什么意义,这就很棒啦!

(五)路队有序

放学路队分为两列,前后各派四人为路队小组长。小组长监督是否有人讲话,队列是否整齐,是否有推搡、追打行为,见到老师是否问好,等。出发前背诵一遍队列要求:"小嘴巴不讲话,肩并肩对整齐,不牵手不推搡,快快乐乐出校门!"从第一天开始就实行分组管理,一定会让你轻松很多。

新班主任们,只要多用一点儿心,就会多一份家长的信任;多一次求教,就会多一份智慧的分享;多一点儿准备,就会多一份从容和淡定。

专家点评：

如何才能做到开学时忙而不乱？文章给各位新教师提供了一个操作性比较强的方案。

在日常的教育教学工作中，如何做到忙而不乱呢？

首先，弄清楚这些事情是否必须在规定时间内完成，要明白具体的时间要求，做到心中有数。

其次，审视自己的健康状况和工作状况，了解自己是否有时间独立完成这些任务，如果不能，要采取什么方法。

再次，将事情按重要程度排序，先做主要的、必须要完成的刚性任务，然后再依次完成次要任务。

如何在第一个月就让班级做到井然有序

李雄彬[1]

班主任在入职初期，面临着巨大的挑战，能否在该阶段适应新的角色，第一个月很关键。本文从四周需要做的那些事儿来谈谈第一个月如何让班级做到井然有序。

一、第一周之破冰之旅

学生进入学校大门，会看到自己要前往的班级，而第一印象尤其关键。班主任可以提前布置好教室：(1)在黑板上写上欢迎语，也可以让学生自己题写感言或祝福语，这样有助于学生尽快互相认识。(2)为了让学生能尽快找到自己的座位，避免无序性，教师可以先编一个临时座位表张贴在门上，并且在课桌上放上写有醒目大字的水牌。(3)班主任肯定是要致欢迎辞的，欢迎辞一定要仔细斟酌，这是一个给学生留下好印象的重要机会。笔者认为，这段话应以表达希望和愿景为主。

在新生入学教育活动中，班主任应该用心观察，发现学生的特点，比如才艺特长、领导能力、团队协作精神等。也可以跟教官商量开展一些活动、制造一些场景，让学生在这些活动和场景中展现出他们内心的真实想法。当然，班主任在这个过程中要注意跟学生进行情感交流，帮助他们疏解压力，对学生进行精神上的支持，为学生"加油打气"，目的就是使学生群体中形成一种积极向上、乐观进取的精神。

开展第一次主题班会活动时，主题要贴近时代、贴近生活，贴近学生的兴趣，让学生能够主动参与其中。由于新生认知水平的局限性，他们对于主题活动的理解、认识肯定是不够的，班主任要适时进行主题的深化，让学生真正学有所得、学有所悟。比如，第一次主题班会可以将主题设为：让规范成为一种习惯。学生对学校、年级的相关学生规范一定很关注，很想知道自己以后在这里学习、生活要遵守哪些规章制度，以及养成这些习惯后，对自己的成长有什么帮助等等。

开展第一次大扫除活动时，班主任要合理分配好劳动职责，让学生能在第一次集体劳动中感受到成功。班主任也可以在此期间观察学生，为后面挑选班干部做准备。

---

[1] 李雄彬，广东省广州市花都区秀雅学校教师。

二、第二周之初为人师

班主任要主动宣传科任老师的优点和工作业绩,目的是在学生心目中树立一个完美的教师形象,所以切忌对科任老师评头论足。不仅如此,对有损教师形象的流言蜚语也要及时制止,以维护教师的权威,并向学生说明尊重老师是每个学生应具备的基本素质。

班主任老师应以一种平和、平等的方式与学生多进行沟通,可以从学生感兴趣的话题入手,逐渐让学生接纳自己。

教师节就在这个星期。在教师节当天,可以让每位学生"讲"一个自己与老师之间的难忘的故事;"编"一期有关教师节的黑板报,渲染节日气氛;"看"一天老师工作的内容,用心观察老师一天中的工作,如上课、批改作业、组织活动、辅导学生等等,通过观察让每个学生了解教师工作的辛苦,感受教师默默耕耘、无私奉献的情怀,激发学生对教师的热爱;画一幅"最美老师"图画,表达对老师的爱。

三、第三周之师生悦纳

新教师在担任班主任的同时肯定也要承担学科教学的任务,但初任教师无论是做班主任,还是做任课老师,都没有那么多的经验,因此必须努力提升个人的专业技能。学生对老师的专业技能的认可是很重要的,如果班主任天天强调学生要认真、刻苦学习,自己却连课都讲不好,说的话在学生心中自然就没有分量。师生相知,最重要的是,班主任不单要说给学生听,更要做给学生看。此所谓:言传身教。

要了解学生,家校沟通也是一种很重要的手段。第三个星期了,班主任应该对学生有了一定的了解,这时候就可以跟家长进行有效的沟通。班主任可以从家长口中知道孩子在家里的表现等,也可以通过家长传达你对学生的期望。

四、第四周之携手共创

第四周,班主任对学生已经有了足够的了解,这时候就要进行小组合作的分组和座位编排了。座位编排是否得当,关系着学生良好习惯的养成,关系着今后的班级管理以及班风学风的形成。建议采取学生互动小组式的编排:将全班同学按成绩分成若干大组,每组又分成若干小组,选好大、小组长及相关干部,由大、小组长及相关干部负责编排本组座位,要求每个小组成员的座位要相对集中,以便于管理。然后每两周横向平移一次,同时前后小组轮流调换一次。调换时大、小组长及相关干部有权根据组内情况对部分座位进行微调。教师在对学生个体进行考评的同时,应重点加强对大组及小组的考评。

这种座位编排方法,强调的是个体的努力程度对集体的影响,能使学生增强集体意识,因为对学生而言,学校、班级就是一个小社会,学生的性格形成往往与之有巨大的关系。安排好学生的座位,使之能与周围的同学融洽相处,有助于其养成良好的学习习惯和心理素质。

组建得力的班干部队伍。精挑细选、合理搭配,组建强有力的班干部队伍。新接一个班时,班主任可以根据学生的一些档案材料,结合平常的仔细观察与家访了解等手段,来任命班长、学习委员、体育委员等班干部协助进行班级管理工作。在这段时间里,班主任要注意观察这些班干部的言行、工作能力和人际关系,发现不负责任的、不能胜任的,则及时调整。但在调整过程中要十分小心谨慎,因为稍不注意,就会挫伤学生的自尊心。

作为新任班主任教师,我们必须对自身进行定位和分析,准确、深入地理解所扮演的角色,以便更好地开展工作。要多阅读教育类经典著作,吸收科学的教育理论,只有在道的层面有一个正确的教育理念,才能在术的层面做正确的事。比如,之前的"蓝领巾"事件、体罚不敢就心罚等,想出这么多错误方法的老师难道没有努力工作吗？一个人的教育理念错误,做得越多错得越多。班主任对学生的管理,无论采取何种模式,都必须渗透着爱、宽容和信任。

专家点评：

人们常说,良好的开端等于成功了一半。当我们在做某件事情时,我们应该经过充分准备,再开始行动。这里的充分准备实际上指的就是对现有条件和资源的把握等,一旦这些准备好了,便可开始有计划、有步骤地行动了。

刚成为班主任时,你必须在以下方面努力：

第一,保持平和心态,既不要激动,想一开始就干一番大事业;也不用担忧学生难以管理。

第二,不要急于采取行动,应先全面、充分了解班级学生的情况,如家庭环境、个人学业与品德操行等。

第三,阐明自己的班级管理理念、班级文化建设目标,让学生了解并理解这些理念,并接受班级文化建设目标。

第四,弄清学校的各项管理制度,在此基础之上确定班级管理制度并严格执行。

第五,建立一支优秀的班干部队伍,充分发挥班干部的作用,营造良好的自主管理风气。

如何做好第一学期的班级文化建设

刘雯钦[1]

我这个小小的班主任,有一个大大的梦想。那就是,在我们海洋班级里,每一颗小小的心都能"欣喜"起来。如何才能够做到呢?"随风潜入夜,润物细无声"的文化熏陶那一定是不可少的。从2017届到2020届,我的班级在海洋文化的浸润下生机勃勃,每一颗小小的心都欣喜起来。回忆这几年的班级文化建设之路,针对第一学期的班级文化建设,我有三项经验供大家参考。

一、凝练主题,尊重学生,从心出发

最初做班级文化的时候,我也是一头雾水,网上查阅了很多资料,幻想"拿来主义"的直接实施。其间,我走了很多弯路:首先,拿来的东西不一定适合自己和自己的班;其次,看到这里好我借用,看到那里不错我也学习,反而显得整个班级文化不伦不类,更不要提身处其中的孩子还要得到潜移默化的熏陶了。其实,在班级文化建设中,主题的凝练应该是第一步。

下面是我们班确立文化主题的过程。暑假的一天,我在班级QQ群里告知各位同学我们要建设班级文化,询问大家都有些什么好的建议。"一石激起千层浪",QQ群里在线的20来个孩子热烈地讨论起来。喜欢篮球的孩子说要在班上建立一个篮球角,喜欢读书的孩子说要建立一个读书角,喜欢养花的孩子说要在班上找一个地方作为生态保护区种花养草。我一边参与讨论,一边拿着笔把孩子们的种种期望都记在笔记本上。然后,我提醒孩子们:我们的班级文化不应该是零散的,而应该有一个主题。有了一个主题,围绕着主题来寻觅、来挖掘的,才能称得上是文化。比如:以"国画"为班级文化主题的,教室布置也是古色古香的,班级也会围绕国画开展一些活动;以"根雕"为班级文化主题的,教室里随处可见根雕的踪影,班里还会定期组织大家学习根雕制作;以"书法"为班级文化主题的,教室里可以挂很多大师的作品,大家也有定期的书法活动。我们现在要定下的,就是这样一个班级文化的"主题"。热闹的群顿时安静了下来,我想孩子们大概都被"文化"这两个字给唬

---

[1] 刘雯钦,重庆市沙坪坝区滨江小学语文老师、班主任,沙坪坝区教育先进个人、沙坪坝区优秀班主任。所带的海洋中队曾被评为沙坪坝区优秀中队。

住了,都在认真地思考。隔了一会儿,我们班一个很能干的小男孩问我:"老师,一定要这些吗?书法、绘画都会让我们觉得累呀,能不能轻松点哦。"他的话立刻又引起了孩子们热烈的讨论,我心想:还好我征求了他们的意见,没有擅自做主。要不,这群八九岁的孩子,没准儿会对我精心设计的班级文化主题嗤之以鼻。我立刻告诉他们:"不一定非要这些主题的,咱们自己的地盘自己做主。你们喜欢轻松的,就想想什么样的班级环境、什么样的班级文化,能够让你们感觉到轻松、愉快。"最后,在大家的一致讨论下,"海洋"成了我们的班级文化主题。

我所带的海洋班级之所以能够一直坚持下来,和它深受孩子们认同是息息相关的。所以班级文化主题一定要根据班上孩子自己的需求和喜好设定,孩子们喜欢什么,我们就要给他们什么,只有走进了孩子内心的班级文化才能成为真正的班级文化。另外,班级文化不能太多,也不能太复杂,简单和统一才能真正地让人记住。

二、开展墙壁文化,让每一面墙都会说话

确定主题是班级文化建设的第一步,而开展墙面文化,进行环境布置,则是班级文化氛围创设的重点。在班级文化建设中,我努力让教室每一面墙壁都会说话,都能微笑,都能育人,催人进步,让整个教室都洋溢着海洋文化的气息。我结合学生的年龄特点,利用教室的墙壁开设一个个充满情趣的小栏目,创设出海洋文化的氛围,激发学生的求知欲望,增强学生的自我约束力、自我管理能力。下面,我从四个方面来介绍我们的墙面小栏目。

(一)蓝色海洋,彰显魅力

我们整个班都是以蓝色为主色调的,再配以海洋生物的装饰,走进教室,就像走进了海底世界一样。在教室的后面,我们还开设了一个"海洋博物馆"。

"海洋博物馆"里,我们养了几尾金鱼,这可是我们班孩子的好朋友。孩子们每天早上到教室,最先关心的就是他们的小金鱼过得好不好。每天下课,总会晃悠到鱼缸周围看看,和小金鱼们打打招呼。轮到做"博物馆"管理员的那几天,孩子们更是开心,给金鱼喂食,给金鱼吸尘、换水,末了还会写"博物馆"日志。

在"海洋博物馆"里,我们还专门有一个地方用于张贴孩子们收集到的海洋小知识。孩子们可以把自己了解到的海洋小知识打印出来粘贴在"博物馆"里,也可以随意地抄在便利贴上,和大家一起分享,这样也拓宽了孩子们的知识面。班上有几个爱画画的孩子,还为我们的小鱼画了几幅画,我把它们稍微装饰了一下,粘贴在我们的"海洋博物馆"里。"海洋博物馆"的成立,几尾小金鱼的加入,让我们海洋班级生动不少,也让孩子们彻底爱上了自己的班级。下课后,他们再也不像一匹匹

关不住的野马一样了,因为教室里同样有吸引他们的地方。

(二)爱的海洋,温暖心田

我们在班级外面走廊的班牌下,做了一个大大的大肚子鱼,形象很卡通,孩子们很喜欢。现在这个大肚子鱼,俨然已经是我们班的吉祥物了。在这个鱼的大肚子里,粘贴着我们的"全家福"照片,并在下方醒目地写着我们的口号:蓝色海洋,魅力二班!知识海洋,书香二班!爱的海洋,温馨二班!有一次,一个其他班的孩子指着大肚子鱼里的"全家福",问我们班一个孩子:"你们全班的照片呀?为什么没有你们两个刘老师的照片呢?老师在哪里呀?"我当时心里还想,当初张贴照片的时候没想这么多,还让孩子们挑出了问题。谁知我们班这个孩子想了一下,抬起头很骄傲地告诉他:"这个鱼就是我们的老师呀,我们在老师的肚子里,老师把我们都装在心里了。"听到这话,我当时心里温暖极了,我都没想到,孩子会这样有爱地来回答,瞬间觉得自己和孩子的距离贴近了好多。

在教室的后面,黑板的下方,我们设计了一个叫作"我手写我心"的板块。在两尾跳跃的海豚前,有一个蓝色的大桃心,上面写着孩子们的心愿、心事、心声。这个板块深受孩子们的喜欢,不仅我和孩子们喜欢去看,就连我们班的家长也都爱看。孩子们在这面墙上消除朋友之间的误会,父母们在这面墙上"听"到了孩子们的心声。

(三)泛舟书海,手有余香

我们的教室里面设了一个"书海泛舟"角落,那是我们班爱看书的孩子的乐园。我们从学校图书馆借来的书是放在这里的;孩子们开展漂书活动,从家里面带来的图书也是放在这里的。每天中午,图书管理员就会坐在这里为同学们服务。孩子们就有序地到这里来借阅图书。在"书海泛舟"之后,我们教室的展示墙上还有一个"书海掬香"的板块给孩子们交流读书之后的感想。从"书海泛舟"到"书海掬香",在墙面文化的影响下,海洋班级的孩子越来越爱读书了。

(四)学海拾贝,凸显凝聚力

在班级文化墙上,我们有"学海拾贝",拾起的是孩子们在学习生活中的收获;"艺海撷英",采撷的是孩子们在艺术领域的点滴进步;"做最美的一条鱼",每个小组都以一种海洋生物命名,确立组名、组徽和口号,并进行展示;"海洋之星",每周的优秀小组可以展示在海洋之星里,这也是我们班孩子最高兴的时候。

三、班级课程、主题活动,让班级文化有"班级之魂"

外显的班级文化初步建立之后,我就开始思考,如何才能使我们的文化成为真正有"魂"的文化。

自从我们班成立"海洋博物馆"以来,孩子们对于海洋的兴趣大增,经常都会留心海洋知识,并且把海洋知识记录下来粘贴在我们的"博物馆"里。这样一来,大大拓宽了孩子们的知识面,并且激发了孩子们对于海洋的求知欲。我们班的一个孩子曾经有一次在"我手写我心"中写道:"今天,知道了原来海洋学有博士,我长大了就要做一个海洋学的博士。"不管这个孩子长大之后能不能成为一名博士,"海洋博物馆"至少打开了他的眼界。班上几个爱画画的孩子,还经常对着我们的鱼缸涂涂画画,就想着要把我们这几尾小鱼儿画出来。海洋班级有那么多的特色,我在班上培养了一大批孩子来进行班级文化介绍,渐渐地,有校外老师来参观时都不用我自己介绍了,因为我们班有一群小小解说员会把我们的海洋班级介绍给大家。除此之外,我们的孩子还要每周轮流当"海洋博物馆"的管理员。每周有3个孩子要成为"博物馆"的管理员,他们要负责给鱼儿喂食,清理鱼缸、给鱼儿换水,关注鱼儿健康等。为了能够更好地喂养我们的鱼儿,孩子们通过上网、询问父母和彼此之间交流,学会了很多的喂鱼知识。每周的3个博物馆管理员还要负责写博物馆日志。第一学期,我们班一共写了30篇博物馆日志。在2017届海洋班级学生毕业的时候,我们还把这几年的海洋博物馆日志整理成册,留作纪念。坚持几年后,上学期,我们班还进行了海洋班级课程实践。

从海洋知识到海洋精神,我们的班级文化通过班级主题活动和班级课程,慢慢凝聚出班级之魂。"浩渺深蓝,海纳百川"的中队口号,鼓舞了海洋班级的每一个孩子,让班级凝聚出"更深、更广、更精"的海洋内涵。

回顾这几年的海洋班级建设历程,我认为,第一学期的班级文化建设是至关重要的。确立班级文化主题,通过班风建设、教室环境设计、各种文化活动、班级课程开发,以及教师的言传身教,使学生在潜移默化中受到熏陶与感染,并在长久的班级文化的熏陶下形成积极的道德情感,从而将道德认识内化、升华为信念和理想。班级文化建设既是一种文化氛围的创建,又是对被教育者心灵的塑造,它是有有层次、有深度、有广度的。海洋中队的班级文化建设就是在精神文化、物质文化、制度文化的影响下,让坐在教室里的每一颗小小的心都欣喜起来。

专家点评:

如今,文化建设与文化特色的打造成为新时期学校建设的一项重要工作,而班级文化建设又是学校文化建设的基础,同时也是学校文化彰显的一个重要窗口。基于此,如何建设良好的班级文化便成为每一个班主任需要思考的重要内容。

从文化创建与发展的内在逻辑来看,它是一个长期的、渐进的过程,需要注意以下几点:

第一,确定班级文化的主题,明确建设的最终目标。

第二,思考班级文化建设的物质和精神基础,不要为了文化而文化,要明白文化不是摆设,而是人的生存与生活方式。

第三,要充分发挥学生的主观能动性,调动学生参与班级文化建设的积极性,让学生真正明白班级文化的意义,并自觉投入其中。

如何组织班级参加第一次升旗仪式

赵冬梅[1]

升旗仪式既是一个庄重的仪式，又是一个常态的活动。不管是对刚跨进小学的一年级学生还是快毕业的六年级学生，抑或是刚跨进教师行业的你来说，都是那么熟悉而平常的一件事情，所以，它并不稀罕。但生活需要仪式感，更何况，升旗仪式是最基本、最庄重的仪式之一，我们定不能马虎对待。在所有的学校，每学期开学第一天，一定会举行隆重的升旗仪式，这也是我们作为新老师和孩子们一同参加的第一个活动，它将开启活动育人的第一步，也是我们后续开展仪式教育的重要铺垫。

一、仪式前的准备

（一）着装

正如恩特维斯特尔所言："穿在我们身上的那些纺织品就像是我们的身体乃至灵魂的自然延伸。"穿校服、戴红领巾意味着对统一性和角色扮演的认同，有利于学生在集体中找到归属感。所以，老师一定不能忽略。在报名时，我们可以告诉孩子们第二天的着装要求。升旗仪式前一天，还可以发一条这样的短信温馨提示家长，如：

"亲爱的孩子们，明天我们将在××点××分集体参加学校的升旗仪式，这是我们在一起的第一个活动，希望孩子们明天都能穿戴整齐而又精神抖擞地来到学校，老师也会穿着干净整洁的衣服在教室等待你们哟。现特对明天的穿戴作如下提示：穿校服，今晚请将校服找出来，熨烫平整并挂好。"

收到这样的提示，家长也会看到老师的细心和真心。最关键的就是第一次升旗仪式，作为新老师，一定要穿得大方得体。提前买上一批新的红领巾，在教室等候孩子们的到来。对于孩子们的穿戴，教师可以一一检查，对于不太规范的孩子，帮助或者指导其穿戴规范。拿出崭新的红领巾，发给小组长，并请小组长发给每位队员。

---

[1] 赵冬梅，重庆市璧山区教委德育专干、全国优秀教师、重庆市十佳少先队辅导员，曾获第八届重庆市辅导员风采大赛特等奖、重庆市小学音乐赛课一等奖、全国文化教学赛课一等奖。

（二）姿势

除了整齐的着装外，正确而庄重的敬礼也很重要。经过长达两个月的假期，孩子们对于升国旗的姿势要求，可能会有些记不清了，教师很有必要在升旗前的20分钟，对全班同学做一个集体的纠正和鼓舞。站立的姿势：挺胸、立腰、收腹、收臀、五指紧贴裤缝。敬礼时要求手指有力、手臂有力、眼睛有神。老师一定要先学习少先队员标准的敬礼姿势，才能给孩子们做好示范。只有老师做好了，学生才能学得好。

二、仪式中的参与

在升旗仪式中，老师也应戴上红领巾，和孩子们站在一起。老师最好站在队伍的中后侧方，这样既能够关注学生的表现，也能让学生看到老师的带领。行队礼时，老师也高高地举起右手；唱国歌时，老师应用浑厚、响亮的声音唱出。

三、仪式后的总结

升旗仪式活动结束，但我们的育人活动还没有结束，活动后的及时总结往往是对活动的查漏补缺，有利于下一次活动的高质量开启。回到教室以后，老师应及时对第一次升旗仪式做一个回顾总结，可以从以下几个方面进行：

（一）学生发现

让学生举手发言，分享今天升旗仪式活动中的发现，可以是一个人，可以是一件事，也可以是记忆最深刻的一个场面。

（二）教师发现

教师除了对学校的主题要求再次进行强调以外，还要对升旗仪式作一个及时的评价。如哪些地方做得非常好，哪些地方还有待提高，哪些同学做得很棒，等等。

简单而平常的一次升旗仪式，通过老师的准备、示范、评价而更有仪式感，学生更有获得感，师生更有亲近感。做好第一次，优化第二次，行为习惯在无形当中慢慢养成，活动育人在无形中慢慢生效。

专家点评：

纵观人类历史，远古时期的图腾崇拜、战前动员、各种宗教祭祀活动、成人礼，这些仪式均在人类生活中起到了独特的作用。时至今日，仪式仍在政治、经济、文化等活动中被广泛使用。

由此，我们也可以理解学校所进行的升旗仪式绝非仅是一个表面化的活动，在其背后还具有特殊的政治内涵与象征意义。实际上，一个学校管理水平的高低、管理效果的好坏、老师的精神状况都能从升旗仪式中反映出来。

学校要认真对待升旗仪式，要让学生真正从内心深处明白升旗仪式所承载的文化意义，这样才能真正让学生从仪式中受到教育。

如何设计第一次班会课

卢祖容[1]

作为班主任,刚接手一个新班,操心的事儿可真不少,比如:如何尽快促进师生之间、生生之间的了解？如何选拔出得力的班干部？如何构建具有特色的班级文化？诸多要事,往往搅得一些新班主任心烦气躁。其实万事皆有法,接手新班也不例外。上好首次班会课,以上的困惑大多能迎刃而解。

容老师每接手一个新班,第一堂班会课必是"破冰行动"。"破冰"行动开走,"一箭多雕"不愁。真的,就那么神奇。

一、"30秒记住你！小组破冰我能行"

去年,新接手一个起始班级,孩子们惶然地在座位上坐着,你不认识我,我不认识你,怎一个尴尬了得。容老师也不啰唆,大声宣布:破冰第一步开走——"30秒记住你！小组破冰我能行"。孩子们有些不明就里,容老师稍作解释:30秒内记住你相邻座位6个同学的姓名、毕业学校,那么你将为你即将去到的小组立下首功——为小组带去新学期第一笔加分！此话一出,如同在静谧的夜晚点燃了爆竹,教室里一下子热闹起来了。你看,小家伙们热火朝天地开始自我介绍,说者滔滔不绝,听者全神贯注,30秒内,组内6个陌生同学秒变熟人,神奇不？小组展示时,为了荣誉,每个小组都争先站出了自认为记忆力一流的霸主,一口气把小组每个成员的姓名、毕业学校说了个遍,如遇卡壳,其余组员迫不及待地给予补充,团结协作精神瞬间彰显,惊喜不？一轮走过,哪个孩子擅于表达,哪个孩子长于记忆,哪个孩子富有胆识,班主任心中是不是有数了呢？

二、"组长演说,我来加盟"

在班会活动开始之前,学生是随意坐的,临时小组只是按照座位划分的,小组成员并没有小组和团队的概念。那么怎样快速构建你情我愿的学习共同体？那就

---

[1] 卢祖容,重庆市璧山来凤中学校初中语文教研组长、教导处干事、班主任。高级教师,重庆市骨干教师,重庆市"优秀班主任",重庆市"学科名师"。曾先后获得重庆市第五、六届班主任基本功竞赛一等奖,重庆市第五届语文优质课竞赛一等奖,重庆市第三届"好老师"演讲比赛一等奖。

开启"破冰"活动第二步:"组长演说,我来加盟"。在第一轮的"30秒记住你!小组破冰我能行"活动中,每个小组成员之间已经有了基本了解,也驱走了羞涩,同时让个别优秀的小组成员崭露了头角。按座位划分的9个临时小组每组自荐或推荐一名同学出来成为即将正式构建的小组组长,9个"光杆司令"发表即兴竞选演说,使出浑身解数招贤纳士。小伙伴们擦亮双眼,静心聆听,随时准备选择最英明神武的小组领头羊去跟随。接下来是10秒自由选择,10秒钟,所有成员跑到自己心仪的组长身后,每组限定6人,6人后的成员的选择属于无效选择,只有服从调配。"预备——开始"号令一出,大家急不可待地跑向征服了自己的组长身后,那速度、那动作,比百米赛跑还敏捷。成功选到心仪组长的成员满脸得意,动作稍缓、排于6人之后的成员只有按规则调配到不足6人的小组,心有未甘但也不得不服。6人战队就此成形。

三、"小组文化,我来设计"

目前的小组团队只是从人数上进行了双向选择,最重要的团队文化却还未构建。怎么办?"破冰"活动第三步开走:"小组文化,我来设计"。容老师看着下面一张张兴奋的小脸蛋,大声开问:"同学们,你们现在有自己的团队了吗?""有!"小伙伴们异口同声。"不,你们没有。什么是团队?有自己文化的集体才是团队,否则最多算——团伙。""哈哈哈……"同学们一阵欢笑,然而又深觉容老师的话有道理。"我们的小组绝不能成团伙,我们必须是强大的团队!"容老师气势如虹地振臂一呼。"对,我们必须是团队!"小伙伴们铆足了劲。"那现在,请每一个小组成员都开启智慧,为你的小组设计创造独特新颖的团队文化。小组文化包含组名、组徽、组歌、小组口号、各学科组长的确定。"此话一出,大家热情高涨,智慧爆棚。请看精彩的小组展示:

第一小组——组名:不二组;组歌:《小小少年》;口号:气势到位,实力到位;我们呐喊,不二万岁! 第二小组——组名:文房六宝;组歌:《真心英雄》;口号:笔墨纸砚,满腹经验。第三小组——组名:搏梦小组;组歌:《大梦想家》;口号:放手一搏,不负青春……

看看,孩子们在短短的时间内心往一块儿想,劲儿往一处使,酝酿出的小组文化芬芳馥郁!接下来就是小组展示,形式各异,尽显风采。

四、"班级文化,水到渠成"

根据小组展示的结果,投票选出班徽、班歌、班级口号,同时在小组长中遴选出了班长,高效又民主。随着下课铃声的响起,短短的40分钟班会课结束了。40分钟内,生生之间熟识了,小组团队构建了,小组干部出炉了,班级文化诞生了,这不是"一箭多雕"吗？

看了容老师的班会课，作为新老师的你们，应该知道上好第一次班会课的重要性，更应该懂得：

学生永远是班级的主人，哪怕他们初来乍到，哪怕他们互不熟识。接手一个新班，我们首先要充分相信学生的主观能动性和创造力，再发挥班主任在班级活动中作为引领者、组织者、设计者的作用，精心设计学生活动，给孩子们创造和搭建激发他们潜能的锻炼展示平台，这样，就能化繁为简，起到四两拨千斤之功效。用心用情用智，教育，一直很美好。

专家点评：

班会课是班级管理过程中的常规活动，意义重大。在班级管理中，班主任会召开多种形式的班会课，但一定要明白班会活动的召开并不是随意的、漫无目的的。作为教育活动的一个有机组成部分，班会课需要老师事先精心准备、系统安排，做到目的明确、环环相扣，体现班级文化特色。

第一次班会课是后面班会课系统开展的基础，应具体注意以下几点：

第一，确定班会课主题，让学生提前有心理准备，否则无法达到预期的效果。

第二，因为是一个新班级，班主任在设计班会课主题时，一定要头脑冷静、立足长远，不要急功近利，更不要期望一节班会课能解决所有问题。

第三，第一次班会课重在"破冰"，重在师生、生生之间的认识，班主任应在这个过程中深入细致地了解学生特点，为后续班干部的选择做好准备。

如何策划第一次队会课

赵冬梅

小学班主任除了班主任和学科老师两种身份外,还有一种身份,即中队辅导员。因此,他们会面临两堂特殊的课:班会课、队会课。而这样的课往往没有教材,很多老师就把班会和队会混在一起,班会课常有,而队会课很少有人上,很多老师也不知道怎么上。

班会是指在班主任引导下,以班级为单位组织的对全体学生开展教育的活动,是班主任对学生、班级进行组织管理的重要途径,也是学生民主生活的一种重要形式。队会,又称主题队会活动,是少先队组织领导的、以队员为主体的群众性活动,一般事先拟好一个题目,由各小队围绕主题分工合作,共同筹备、举行集会或活动。这两者在教育方式、教育者身份、活动仪式、主持人等方面都不尽相同。今天不谈班会,我们只讲队会。那么,怎样才能上好第一次队会课呢?

一、队会课的认识

少先队是中国少年儿童的群众组织,是少年儿童学习中国特色社会主义和共产主义的学校,是建设社会主义和共产主义的预备队。队会课是我们少先队的重要活动,是少先队的主要阵地之一。

二、队会课的选材

一堂队会课,首先要做的就是确定主题。主题一般有两种,一是学校规定的统一主题,二是自己选定的主题。如果你是一位刚上任的中队辅导员,建议在开展学校统一规定的主题队会前,一定要根据班级情况自己先开展一次主题队会。因为队会是少先队员活动的主阵地,通过队会的开展,既可以培养少先队员初步的政治认知,又可以解决班级问题,还可以拉近你和少先队员的距离。在选材时,我们要做好这两点:

1.我们可以根据《少先队活动课指导纲要(试行)》(以下简称《纲要》),再结合中队情况,选择其中一个主题开展活动。低段可以选择"我爱祖国妈妈""我爱红领巾""国旗、国徽、国歌的认识"等。中段可以选择"我爱我的班级""我的大家族"等主题。高段可以选择"团结就是力量""梦想""那双特别的手"等。

2.如果是中高段的孩子,我们一定要召集班上的中队长、小队长了解情况,请他们一同参与,确定主题;一同构思、策划活动,并一同组织活动。这一点一定不能疏忽,少先队的一个重要原则就是我们的队伍我们自己管理,我们的活动我们自己设计,而辅导员老师只起点拨的作用。如果是低段,老师就可以自己确定主题,做更多的引导。不管是孩子们设计还是老师确定,主题一定要是孩子们特别喜欢的,而且要切合身边实际情况。我们需要用一个小小的话题去打开一扇大大的窗户。

三、队会课的组织

（一）有充分的准备

当选择好主题以后,我们就需要分小队收集资料。我们一般有资料收集小队、宣传小队、策划小队等。在策划时,我们可以采取多种形式进行汇报,比如快板、相声、小品、诗歌朗诵、歌曲、舞蹈、音乐剧、知识竞答、拍手歌等,让队会课既内容丰富又热闹。同时,让每位队员都参与进来,让每位队员都有事可做。

（二）有恰当的场地

队会,不一定要在教室开展,可以根据主题内容选择场地,如教室、多功能室、操场、公园、博物馆等等。比如:开展"我爱运动"的主题队会,可以选择操场;开展"我与书籍交朋友"主题队会,可以选择图书馆;开展"我爱我的家乡"主题队会,可以选择学校附近的公园;开展"做新时代好少年"主题队会,可以选择纪念馆;等等。选择符合主题、贴近主题的教室外场所,更能提升队员们的积极性。选择好了场地后,还要进行布置,可以没有课桌,可以没有板凳,只要方便每个队员参与就好。

（三）有正确的称谓

一套人马,两种称呼。前面我们说到了班主任有几重身份,我们一定要学会随时在这几者之间灵活转换。当开展队会课时,我们一定要称自己为"辅导员老师",称孩子们为"队员们",称班级为中队,称小组为小队,称班长为中队长、小组长为小队长。我们要让队员们知道自己的身份标识。这样的规范用语也可增加少先队活动课的仪式感和少先队员的归属感。

(四)有激励式的评价

红领巾奖章是对队员们最大的激励,每一节队会课,每一次活动,我们都可以设定争章卡或者争章机制,让队员们在活动中激励自己,发展自己。根据《纲要》的要求我们可以根据年龄段和主题的不同设定相应的红领巾奖章。少先队活动课包含组织意识、政治启蒙、道德养成、成长取向等内容,它们分别对应的是火炬章、红星章、红旗章、特色章。

(五)有规范的流程

队会还有一大特点就是仪式感特别强。要想让孩子们认真地参与到队会当中,首先辅导员得非常重视,将每一个队会的环节都做好、做足。除了要求队员们着统一服装、佩戴好鲜艳的红领巾以外,辅导员自己也一定要佩戴好红领巾,要有中队辅导员的标识。另外就是严格按照队会流程开展活动。

1. 各小队汇报人数

(1)中队长主持仪式

亲爱的老师、同学们,下午好!×××中队"×××××"主题队会,就要开始了,请各小队汇报人数!

(2)各小队向中队长报告人数

小队长:全体起立,稍息!(向后转,跑步前进至中队长两步远的距离,立正,敬队礼)报告中队长,第一小队应到××人,实到××人,报告完毕!

中队长:接受你的报告!(敬礼)

小队长:(回礼,向后转,跑步前进至座位,稍息)

(3)中队长向辅导员老师汇报人数

中队长:全体立正!(向后转,跑步前进至辅导员老师两步远的距离,立正)报告辅导员,×××中队应到××人,实到××人,今天我们将开展"×××××"主题活动,一切工作准备完毕,请您批准!

辅导员:(回队礼)接受你的报告,主题队会现在可以开始,预祝本次活动圆满成功!

2. 出旗

(1)中队长:全体立正,出旗,敬礼。

(2)播放出旗曲

(3)三位旗手出旗,绕场一周

(4)中队长:礼毕!

3. 全体唱队歌

中队长:唱队歌,有请指挥×××。

4. 主题队会议程

(1)中队长:有请主持人。(退场)

(2)活动(附后)

5. 中队辅导员讲话

(紧扣主题,从这次活动的意义、干部的组织、队员的参与、取得的实效以及需要提升与改进的地方等方面进行激励与引领)

6. 中队长带领全班同学宣誓

中队长:全体立正,面向队旗,举起右手,握拳,跟我宣誓:"准备着,为共产主义事业而奋斗!"

全体队员:时刻准备着!

7. 退旗,主题队会结束

中队长:退旗,敬礼! 礼毕! ××小学××中队"×××××"主题队会到此结束。

规范的流程是基础,队会的活动过程是关键。那么,该怎么具体开展活动呢?文末附小学低段《祖国妈妈我爱您》和高段《那双手》两个案例,供大家参考。

只有老师重视,孩子们才会认真参与。所以,第一次队会课不要忽视每一个环节,要让孩子们看到你的专业和敬业,要让孩子们崇拜和仰慕你,这也是建立良好师生关系的一个契机。

队会课,队员是主体,辅导员起引导作用,过程中辅导员既不能当甩手掌柜也不能全程把控。队会课不是歌舞表演大集合,也不是思想政治大讲解。选择好主题、带领好队员、做好分工、称谓准确、过程完整是开展好队会课的基础。第一次队会课高标准、严要求,相信后面的每一次队会课都有不一样的精彩。

专家点评:

长期以来,在学校的各种活动中,最容易被误解的就是少先队队会课。在实践中,队会课常常与德育的其他活动相混淆。结果是:学校开展了丰富多彩的队会课,却并没有达到应有的目标,也没有起到应有的作用。这一点需要引起各位少先队辅导员的高度重视。

要想有效地开展队会课,少先队辅导员应做到如下几点:

第一,加强理论学习,正确理解少先队组织的基本属性和功能,特别是充分领会与理解少先队组织的政治性。

第二，在设计队会课时，要以少先队员的政治素养养成为核心。

第三，明确队会课的阶段性目标，从低年级到高年级，从小队、中队到大队，各阶段目标要有统一性、衔接性，不可随意。

第四，队会课既不是道德教育课，也不是简单劳动课，一定要根据少先队组织的特殊性设计队会课。

详细内容扫描二维码下载

如何让游戏为班级赋能

王薇[1]

《王者荣耀》到底有多火？随着游戏的持续火爆，连小学生都被这款手游"攻陷"了。无数青少年为之疯狂、沉迷。如何才能让学生像沉迷游戏一样"沉迷"学习？如何让学生像玩游戏一样高效完成学习任务？如何把班级培养成具有凝聚力的"战队"？

游戏为我们提供了借鉴，教师应从学生的角度出发，汲取游戏中的养分，让学生在学习中更具主动性。

一、挖掘优势，组合最强"战队"

一个好的"战队"，不是每个人都最强，而是让不同的人找到自身优势，明确角色定位，进行合理搭配，从而为团队"升级"奠定基础。

学生的发展层次是不一样的，在班级管理建设中，通过合理搭配组建学习小组是优化班级资源的重要举措。将学习小组与班级管理小组一体化，能让小组成员在学习方面荣辱与共，在各种活动中共进退、共担当。

因此，班级组建"最强"战队，可以遵循这样几个基本原则：组长核心带动，成员各有担当、优势互补；注意男女搭配、动静搭配等；在小组动态评价中，实行等级制和积分制；组内合作帮扶，组间竞争提升，通过"比、学、赶、帮、超"实现"共生"发展。

二、目标激励，持续发挥"火力"

爱默生说过："一心向着自己目标前进的人，整个世界都给他让路。"短期目标的即时达成可以提升成就感，中期目标的实现有助于审视成长的轨迹，长期目标的引领能让动力持久。

用"飞鸟之眼"规划人生发展的方向。适合的、感兴趣的长期目标能为团队提供不竭的动力。

---

[1] 王薇，重庆市璧山区璧山中学物理老师、璧山区骨干教师。曾获重庆市中学物理教师教学技能大赛特等奖，重庆市中小学主题班会竞赛一等奖。

用"蜻蜓之眼"确定具有可行性的中期目标。将人生规划科学分解，落实到具体的每月每期的学习任务上。

用"蚂蚁之眼"细化短期目标。保证自己每天、每课、每科的学习都有目标，在此基础上做一个进度表，每天检查，睡前反思。

三、价值奖惩，彰显"王者"荣耀

从物质奖励到精神鼓励，从积分到勋章，"荣耀"总是属于有智慧、善合作的团队。

每周及时公布小组的等级积分情况，在荣耀榜张贴最强"战队"、最佳"MVP"，颁发荣耀勋章。

有价值的惩戒方式能推动团队改进。惩戒的关键是尺度的把握和公平性，教师必须公平公正地对待每个小组。惩戒方式有扣除战队积分、降低荣誉等级、反思等。对屡次违规的学生，教师可以与之签订三方协议。

四、"升级"对手，成就"战斗"青春

团队间的比拼不是一成不变的，伴随着团队能力的提升，对手也会相应"升级"。

竞争是实力的较量，也是智慧的较量，更是意志的较量。林丹曾在采访中说："当你不知道要练什么的时候，你的对手会告诉你。""李宗伟还在打，我就打！"优秀的对手会成就更卓越的自己。每期让团队寻找挑战对手，通过挑战者下"战书"，应战者接"战帖"的方式，与对手结伴而行。竞争能使人最大限度地发挥潜能，竞争能使人发现自身的优点，审视不足之处，从而更严格地要求自己。良性的竞争使学生持续"战斗"，砥砺前行。

专家点评：

这个话题非常具有现实意义。长期以来，一个令家长和老师们头疼的问题就是孩子玩游戏，并痴迷于其中。大家一直在努力，试图找到一个好的办法，让孩子们像喜欢游戏一样喜欢学习。我认为将班级管理游戏化是一种尝试，但是要真正让其发挥应有的作用需要注意如下几个问题：

第一，要明白游戏为何比学习更具有吸引力。这不是一个简单的问题，为此老师们需要去研究游戏的基本原理，特别是游戏对于玩家的激励与奖励机制。游戏的最大特点是玩家能够及时得到反馈，而且进阶难度不大，更能够调动学生的好胜心。

第二，游戏有一个很重要的功能，那就是能够培养起玩家的规则意识，老师可以有针对性地设立一些游戏规则，逐步使学生养成规则意识。

如何策划一次令人难忘的活动

赵冬梅

班级是学校最基本的组成单位,也是师生共同成长的主阵地。而丰富多彩的班级活动不仅有利于培养学生良好的品德、发展个性特长、锻炼意志品质,更有利于学生良好行为习惯的养成和社会主义核心价值观的培养。有的活动是一瞬间完成的,有的活动可能持续一小时、半天,有的活动则需要一学期甚至更久。不管哪种活动,只要开展得好,就有可能让学生记忆犹新。那么,如何设计班级活动,如何有效地开展班级活动,才能让其深深地刻在学生的记忆里呢?

一、全心设计,让活动有意义

举办一次活动很容易,举办好一次活动很难。定一个主题很容易,定一个有意义且有趣的主题很花心思。活动主题是决定孩子能否全面参与、全情投入的重要因素。为什么开展活动、开展什么活动、怎么开展活动,正确而清晰地回答出这三个问题,你就可以着手了。为什么开展活动,即想清楚这个活动的价值和意义。开展什么活动,这就要求考虑到孩子们的年龄特征、性格特征、家长的特长等等,因为一次好的活动既可以增强家校共育,又可以让家长成为你活动的好帮手。这样的活动才有品质,才能让学生印象深刻。怎么开展活动,强调的是活动的过程。不管什么活动,都应安全有序、内容丰富。

二、全面参与,人人参与活动

每一个孩子都值得被尊重、被爱,所以,活动一定是全面参与、人人参与,让每个孩子都成为活动的主角。大多数人是观众,少数人是主角,这种活动再精彩也不会让人记住。只有亲身参与、亲自体验,才能永记心间。

三、全情投入,师生心心相印

在活动时,老师最容易和孩子们亲近。近距离接触,最容易看到每个孩子最真实、最放松的一面。老师只有忘却一切,和孩子们一起,全情投入,才能让活动升温,才能让活动有感染力。一次让人永生难忘的活动,一定有某个环节或者瞬间打动人心。

在某小学有这样一位班主任老师,设计了一个"识藕"活动。她为什么做这个活动呢?因为她的班级文化是"荷"文化,她要让孩子们从最初的识藕慢慢进入,从认识物体的表面特征慢慢进入到深层次的品质。

她在设计活动时,从实地观察——采摘——用藕做菜——种藕——收集资料等环节,做了一系列的规划。

她怎么做的活动呢?

在设计活动时,先向学校请示,运用周六的半天时间,带孩子们到附近的荷塘实地参观、采摘。接下来,发动家长联系公交车,以便带孩子们外出观察。随后,联系种藕基地,分好小组,请出家长志愿者,带队出发。

全情投入的"班妈妈"特意穿一身轻便的运动装,以便和孩子们一起活动。到达基地后,"班妈妈"带着学生和家长先围着荷塘观察一周,边观察边讲解,然后家长志愿者开始下塘挖藕。看着淤泥,孩子们很担心家长会摔倒,也很疑惑,白白的藕就是这样长出的吗?等着等着,白白胖胖的藕就浮出水面了。许多孩子都是第一次见到这样的场面,看着白白胖胖的藕和荷塘里被淤泥弄得脏兮兮的家长,他们兴奋地尖叫、欢呼、鼓掌。接下来,"班妈妈"带头席地而坐。看着"班妈妈"无拘无束地在空地上坐下,孩子们也纷纷围着她坐下。紧接着,"班妈妈"拿出一大截藕,当着孩子们的面,"啪"的一声分成了两节,但又特别小心地不让藕丝断开,然后她举着这节断藕在每个孩子的眼前慢慢地转了一圈。她要让每个孩子看到,什么是"藕断丝连"。接下来"班妈妈"讲了这一成语的含义,随后她给每个同学都分了一小节藕,并布置任务:今晚回家用藕做一道菜,并发小视频分享到群里,供大家欣赏。这样的"作业"令孩子们激动不已,他们回家后满怀兴趣地和家长一起用藕做菜,并拍视频分享到群里。

第二天,这位"班妈妈"乘胜追击,拿出早已买好的碗莲种子分给孩子们,让他们回家后用清水养起来。同时要求他们查阅种植方法和注意事项,并观察种子的变化,适时进行分享。

一个主题,人人参与,全情投入,既团结了家长,增进了亲子关系;还让孩子们在活动过程中学会了成语,增长了知识,提升了技能。

最好的活动就是让每个孩子都能自然而然地得到情感和知识的浸润,并在多年以后留下点点的回忆。

专家点评:

课外活动作为一种重要的辅助方法受到老师们的广泛重视,老师们会根据需要设计各种各样的活动。

要让一个活动具有持久的教育意义并长久留在学生的记忆之中并非易事，教师在开始设计活动时应注意以下几点：

第一，要对活动的设计作系统的思考，每一个年级组织什么活动，要有承上启下的关联性和内在的逻辑性。

第二，要充分考虑学生的年龄特点与性别特征，寓教于乐，能够通过活动引发学生进一步思考。

第三，要充分调动学生的主动性和积极性，使学生成为活动的主人。

如何从学生名单中寻找教育契机

李岚[1]

某中学一高中班主任,每当他接手一届高一新生的时候,都会做几件事情:在假期拿到新班级的学生名单,给每个学生写一封亲笔信,并且寄到学生家中,以拉近彼此之间的距离;在开学前一周背熟每个学生的名字,然后用他擅长的毛笔书法,依次用红色纸写好,用于做学生的座签。当学生来报到的时候,他能随口叫出学生的名字,令学生很是惊喜和惊讶,这就为后面班级工作的开展做了很好的铺垫。这样的老师是睿智的,他能在第一时间让学生在新老师身上找到归属感,感觉自己被重视。学生在面对新的班集体时一定是满怀期待和热爱的。

在组建一个新的班集体时,能在最短的时间内记住每个学生的姓名,有助于我们班级教学活动的开展。教学实践告诉我们,记住学生姓名不是一件微不足道的事情,它是建立和谐师生关系的前提和基础,是增强班级凝聚力的有效方式。那么,如何巧妙地记住学生姓名?如何从学生姓名中寻找教育机会呢?

一、知学生,从记住学生姓名开始

记住学生姓名是老师最基本的工作。知学生,从记住学生姓名开始。这看似简单,做到却很难。每一名学生进入新的班级时,都渴望被老师、同学认识、了解和尊重,渴望和大家成为朋友。在这个时候,老师如果能够尽快记住班级学生的姓名,会增加学生的归属感和安全感,有利于班集体的快速形成,更有利于班级管理的顺利进行。

在我们平常的教学活动和班级管理中,老师们通常会依照座次表,通过反复点名和抽问来熟悉学生并记住学生的姓名。这也导致学生之间的"相识"处于一种被动的状态,大家需要很长一段时间才能"认齐同学"。在组建一个新的班集体时,要想在最短的时间内记住每个学生的姓名不是一件容易的事情。但在不断的教学实践过程中,我们可以用以下方式,让老师和同学尽快认识,建立起感情。

---

[1] 李岚,重庆市璧山区实验小学课程部主任,四川省优秀少先队辅导员,曾获南充市小学英语录像课比赛一等奖。

(一)说说我是谁

开学第一天举办一个特殊的三分钟演讲活动,主题就是"说说我是谁",让每一个学生介绍自己姓名的由来、个人兴趣爱好、特长等。

(二)看看他是谁

在正式开课前,学生在家长的帮助下设计完成独特的"姓名牌"。"姓名牌"的形状越独特、样式越新颖,越容易达到"过目不忘"的效果。这样一来,每个学生面前都放着自己的"名片",老师和同学可以随时随地"看看他是谁"。

二、爱学生,从记住学生姓名开始

记住学生姓名,强调的是每一个学生,但有的老师往往只记住了班上学习成绩好的"尖子生"和班上表现不怎么好的"后进生"的名字,而忽略了处于中间的庞大队伍。这样做的后果是,"尖子生"以老师能记住自己的姓名为"傲";而部分"后进生"却因此战战兢兢,一旦老师点到他,他就认为自己又犯了错。这样下去,只会让这些"底层学生"抱着破罐子破摔的消极心态去面对学习,一步步和同学疏远。而中间部分没被老师记住姓名的学生,在集体中则没有存在感和归属感。老师这样"只记两头,不管中间"的行为,很容易引起学生反感。大部分学生都会对老师的偏心产生不满情绪,先是厌烦该老师,后是厌烦该课程,从而失去学习的动力和信心。

因此,老师应该一视同仁,记住每个学生的姓名,尊重每一个学生,关心和爱护每一个学生,这样才能形成和谐的班级氛围,为班级的长足发展奠定好基础。

专家点评:

教育无小事,于细微之处见精神。别看记住学生名字是件不起眼的小事,它会影响师生关系和教学,许多优秀老师的具体事例证明了这一点。

要记住学生姓名,了解学生,需要注意三个方面:

第一,要将眼光放远,思路打开。充分利用QQ、微信等网络信息平台,提前建设好班级群。这样,不光是老师能够提前了解学生,同学们之间也能够提前相互了解,便于有效地开展班级管理工作和班级文化建设。

第二,作为老师,一定要公平地对待每一个学生,切忌以家庭社会资本、个人学业成绩取人,要爱每一个学生,否则,会造成极坏的影响。

如何"吃"出好习惯

姜亚南[1]

"吃"是件很平常的事,但学生在学校的"吃"却是件关乎集体和个人的重要事情。因为,班级的"吃"可以反映出班级文化,个人的"吃"可以体现出礼仪习惯。

一、"吃"出来的好习惯

教师食堂里,教师们分阶段、有秩序地取餐、用餐,餐后光盘,清洁后的餐具摆放整洁。学生食堂里,各年级孩子有序地进行餐前准备,安静地取餐,有礼地用餐和餐后光盘、主动清洁等等,都展现了学生优良的"吃"的习惯,这让我极为惊喜和震撼。

作为文风小学的一份子,我把这种惊喜和震撼转化为尽快适应学校"吃"的习惯的动力,多观察、多思考、多请教、多研究,对学校"吃"的习惯进行总结,内化于心,外化于行,让自己成为学校"吃"的好习惯的践行者。

经过一周的观察与研究,我发现文风小学这一套"吃"的习惯主要包括劳动习惯、卫生习惯、用餐习惯和感恩习惯。

(一)劳动习惯

学校分别在楼顶和教室的围墙边上开辟了劳动基地——"润心苑",孩子们从翻土、播种、施肥、浇水、除草,到采摘、烹煮,再到自己食用,真正体验到了劳动的艰辛,体验到了收获的快乐,从而更深刻地感悟到"谁知盘中餐,粒粒皆辛苦"的含义。

在取餐过程中,班级志愿者轮流为大家服务,既在服务中体会付出,又在服务中体会收获。

---

[1] 姜亚南,硕士研究生,重庆市璧山区文风小学校教师,语文教师兼班主任、德育处干事。

图1　孩子们在"润心苑"收获蔬菜

图2　班级志愿者为同学们打饭

(二)卫生习惯

在"吃"的过程中,孩子们特别重视在搞好个人卫生的同时,也做好班集体的环境卫生。取餐志愿者、餐具整理志愿者、教室保洁志愿者们分工有序,各司其职。你看,孩子们可以自主做到:

1. 三个统一

用餐具统一打饭;围裙统一穿戴整齐;杯子统一摆放整齐。

图3　用餐具统一打饭　　　　图4　围裙统一穿戴整齐

图 5 杯子统一摆放整齐

2. 七步洗手

(1)洗手掌:掌心相对,手指并拢,相互揉搓;
(2)洗背侧指缝:手心对手背,沿指缝相互揉搓,双手交替进行;
(3)洗掌侧指缝:双手掌心相对,沿指缝相互揉搓;
(4)洗指背:双手手指相扣,互搓指背;
(5)洗拇指:一手握住另一只手的大拇指旋转揉搓,双手交换进行;
(6)洗指尖:弯曲各手指关节,手指尖并拢,在另一手掌心旋转揉搓,双手交换进行;
(7)洗手腕、手臂:一手握住另一只手并揉搓手腕、前臂至肘部,双手交换进行。

图 6 餐后洗手

3. 依次漱口

依次进行饭后漱口,保持口腔卫生,从相互督促检查到形成自觉的卫生习惯。

图7 餐后依次漱口

(三)用餐习惯

文风小学的孩子们还可以"吃"得赏心悦目。你看,依次取餐、安静用餐、餐后整理等等,整个过程看起来是不是赏心悦目?

图8 小组成员取餐完毕,组长与组员相互说"请"

(四)感恩习惯

"一粥一饭,当思来之不易;半丝半缕,恒念物力维艰。"文风小学的孩子还"吃"出了感恩习惯,在用餐后不忘感谢食物、感谢志愿者、感谢生活老师等。

图 9　感谢阿姨辛苦送餐

二、如何"吃"出好习惯

把学校的"吃"的习惯了解透彻后,作为新教师的我,该如何带领自己的班级"吃"出好习惯呢?

我决定先充分利用学校的课程资源进行多种形式的宣传引导,再通过不断的实践与榜样引领,带领孩子们行动起来,将"吃"出好习惯落到实处。

说千遍道万遍,不如自己动手做一遍。我不会在一开始就强调"吃"的各种要求,而是为孩子营造"吃"得赏心悦目的氛围。

例如,我从一开始就充分利用学校已有的相关就餐礼仪宣传视频和宣传手册等进行教学,给孩子们留下直观印象,然后请来高年级的哥哥姐姐为孩子们现场演绎完整的就餐流程,或是直接带领孩子们去参观高年级学生就餐现场。我相信榜样的作用是看得见的。当然,如果老师能作为榜样陪着孩子一起"吃",效果肯定更好。

作为教师,我时刻谨记习惯的养成不是一蹴而就的。所以,我会时刻关注孩子们的一言一行,及时鼓励、表扬做得好的孩子,及时纠正、督促做得不好的孩子。就这样,孩子们的变化每天看得见。

我相信,当我们生活在某一种文化场中的时候,我们就会具有某种特质与行为。所以,尽管我接手的是新班级,但文风学校"吃"的习惯早已成为班级文化的一部分。

三、"吃"出自己的好习惯

作为一名新教师,我们在快速适应学校的习惯要求的同时,还可以有自己的思考和行动,带领孩子们"吃"出自己的好习惯。

新教师一定要对各种就餐习惯及要求了然于心，内化于行。充分了解学校的就餐习惯，把学校的就餐习惯融为自己生活的一部分；了解学生已有的就餐习惯，对照学校的就餐习惯，明白引导的重点在哪里。

"吃"自古就是一门学问，有的人可以"吃"出色香味，有的人可以"吃"出文化底蕴。做个有心人，带领学生一起，"吃"出自己的好习惯吧！

专家点评：

古话说："民以食为天。"在学校这个特殊的环境里，"吃"被赋予了特殊的教育意义，"吃"东西不再只是为了保持体力、维持生命，它关乎一种文化，涉及如何培养人的问题。

文章是以班级文化和学生礼仪习惯的养成这一角度来讨论"吃"这一问题的。

通过"吃"，可以让学生懂得一些什么道理呢？

第一，劳动的意义。通过"吃"，可以让学生了解人类的劳动以及食物的来源，特别是知道食物来之不易，从而滋生出尊重劳动、懂得感恩、节约食物的基本意识。

第二，健康与卫生。要让学生从小明白，并非什么东西都能吃，从而让学生明白"吃"与身体健康的密切关联。

第三，在集体场合怎样"吃"才是文明的。让学生明白在集体中一些基本的文明礼仪，从而养成文明用餐的习惯，进而引伸出更多的礼仪知识。

如何面对学生成长中的问题

张仪[1]

初入职场,作为新教师的你肯定对学校生活充满了期待,在阔步向前追寻教育的诗和远方时,更需要学会处理学生成长中的问题。

一、学生不做作业怎么办

"忘了。""做了但没做完。""把本子放在家里了。"……小A总是用尽洪荒之力来逃避做作业。老师疾言厉色,他就声泪俱下;老师谆谆教诲,他就默不作声……当小A再一次为没做作业找奇葩理由时,我终于爆发了:"再不做作业就请你的家长来学校。"没想到这一句"威胁"对小A来说并无任何作用,人依然到,作业却依旧缺席。

作为新老师的你一定也会遇到这样的问题,不妨尝试以下策略:

(一)约法三章

"无以规矩,不能成方圆。"每学期师生面临的第一个问题就是作业问题,教师应与学生达成共识,形成公约:一次原谅,二次提醒,三次开始承担责任。需要承担的责任由教师与学生共同协商确定。教师不仅要及时了解学生不做作业的原因,对症下药;还要让学生形成规则意识,知道不交作业必然承担相应的后果。

(二)层层落实

科任老师每天把作业布置给科代表,科代表在作业栏上写明各科作业的内容,学生定时完成各科作业,由各学科小组长收集本小组作业,科代表专门登记作业收交情况,将没有完成作业的同学名单及时反馈给科任老师,科任老师了解相关情况后确定补交时间。作业未做必有记载,补交作业必有时间限制,未做作业必有惩戒措施,由此形成组长、科代表到科任教师的作业督促体系。

---

[1] 张仪,重庆市璧山中学教师,曾佑惠德育工作室成员。其所撰写的活动育人典型案例《让仪感点亮生活》,获评教育部中小学德育工作典型经验。

(三)兼顾差异

古语有云:"因材施教。"教师对学生既要一视同仁,又要考虑学生的个体差异。教师可以将作业分为必做题和选做题。必做题是基础题,所有学生都要独立完成;选做题则属于提高和拓展题,学有余力的学生可以自主选择做或不做。这样的作业安排可以满足学生的个性化学习需求,帮助学生树立自信心。

(四)小组评比

细化评比规则。让每个小组都准备好一张作业检查表,教师每天对小组交作业的情况进行量化统计,每周评选出优秀作业小组,每月评出作业之星,在全班和家校共育群里公开表扬。通过评比和舆论的力量来鼓励学生按时完成作业。

(五)反馈有爱

作业批改不能只用一个简单粗暴的"阅"字,应遵循三个原则:一是学生交来的作业全批全改;二是对作业进行等级评定;三是尽可能有评语。对于作业完成得较好的同学,老师可以用生动的语言进行鼓励;对于作业完成得较差的同学,老师可以耐心圈画出问题,并在后面进行点拨。用心批改作业能够与学生实现隔空对话,使学生感受到自己的劳动成果被尊重,由此拉近师生之间的距离。

(六)共智共育

教育不能依靠单一的力量,须集众智。教师可以利用QQ、微信等通信工具,及时与学生家长取得联系,由家长督促学生完成作业并检查。

二、学生迟到怎么办

小B是班上的"特别人物":早读课铃响,他还没有走进学校;上课铃刚响,他又匆匆跑出教室奔向厕所;午自习时间到,他还舍不得离开篮球场。这让作为班主任的我日日心烦。德育处的点名表上,班级因为他天天扣分。无数次要求他准时到,但天天批评,天天还是老样子。语重心长讲道理、严厉批评、罚做清洁、写情况说明……各种方法轮番上阵,他依旧我行我素,毫无规则意识。

作为新教师的你遇到此情此景,是否与我一样为学生的迟到而心烦呢?我们不妨试试以下小妙招:

(一)榜样示范

俗话说:"身教重于言传。"好的榜样是最好的引领,班主任坚持每天早早到校,与学生一起晨读,让学生一进教室就能看到你亲切的身影,给学生起到榜样示范的作用,可以有效减少学生迟到的次数。

(二)人性化管理

古语云:"得人心者得天下。"每学期开学的第一周,允许学生迟到一次,不进行任何批评,只是善意提醒:不要再迟到了。这既能让学生充分适应假期后的学习生活,又能让学生感受到人性化的班级管理。但是迟到超过两次,就要依章办事。

(三)"奖励"迟到

"奖励"多次迟到的学生,让学生以一种积极的心态改正自己的错误。对于迟到的同学,可以提供几种选择性解决方案。

一是为班级服务。这类学生第二天必须早早来到教室,向每一位同学问好,并协助老师写早读目标。写幅字或者画幅画,并将其挂在教室墙上,美化班级环境。

二是写一篇作文或诗。既可以用汉语写,也可以用英语写。写好之后分享在班级黑板报上或家校交流群中,并收入班级史册。

三、学生早恋怎么办

小C同学是一个情商比较高的男生,对老师和同学文明有礼。有一天,我发现他正在黑板上写小D(女)的姓名,看到我走近,他慌慌张张把名字擦掉,我察觉到他很反常。每当小D在班里唱歌,他都很不自在,不会像其他同学一样大方地看小D,而是有些遮遮掩掩、不好意思。有时,我还发现他悄悄观察小D,冲她微笑。

青春萌动是一种正常的现象,面对青春期可能发生的懵懂情感,我们可以采取以下处理方法:

(一)知而不言

知而不言是一种智慧。当发现学生疑似"早恋"时,教师应善于观察学生生理、心理上的变化,冷静分析,正确判断。多关注学生的课内外表现,获取更客观、更全面的信息,并基于此做出是否需要干预的判断。如果需要干预,则要采取灵活多变的方式,不可将相关情况公之于众,伤害学生自尊。

(二)疏而不堵

疏而不堵是一种策略。青春期的情感萌动属于正常现象,教师应审慎地对待学生早恋,不要横眉冷对、粗暴干涉。教师应在理解和尊重学生的基础上与之沟通,掌握沟通要领:一是慎重选择沟通的时间和地点,不宜在人多和公开的地方进行;二是提前想好沟通要点,引导其主动打开话题;三是让其明白青春期欣赏异性是很正常的,要以平常心对待,理智处理。

(三)循循善诱

循循善诱是一门艺术。"不识庐山真面目,只缘身在此山中。"面对学生生活中出现的懵懂情感,教师应循循善诱,给学生指明方向:一是开展相关主题班会,通过主题班会使她(他)对自身的朦胧感情进行理性思考。二是巧妙沟通。我曾经用一首小诗和一个孩子进行沟通:

> 中学的你恋爱了,于是,
> 我问:爱情和面包,哪个重要?
> 我知道你会不假思索地回答,当然是爱情。
> 或许她不物质,
> 但也需要基本的生活保障。
> 你还太小,
> 许不了你爱的人,
> 一个美好的未来。
> 你还不懂现实,
> 两情相悦,
> 并不一定能厮守到老。
> 你还不知道,
> 承担责任,
> 需要太多的沉淀积累。
> 或许,你会说,想那么多干吗!
> 或许,你会说,我不在乎明天。
> 或许,你会说,爱就爱了,
> 中学时代的恋爱,
> 只是生命的插曲,
> 难以成就人生的主旋律。

虽然小诗阻拦不了"早恋",但是学生一定能感受到老师的关心,从而将老师当作可以倾诉的对象。当学生打开心扉,主动找老师倾诉的时候,问题解决起来就会容易得多。

当代美国教育哲学家内尔·诺丁斯认为,关怀与被关怀是人的基本需要。她从伦理学的角度提出教育应当重视四种要素:榜样、对话、实践、认可。以上三个问题是每个老师都会面临的难题,我们可以用关怀教育理论,去试着解决。

当学生总是迟到时,我们自己首先不能迟到,要榜样示范,不强制说教,和学生建立亲密关系；当学生不做作业时，我们要和学生真诚"对话"，既可以在课堂上予以鼓励的眼神、亲切的微笑、温馨的提示，也可以引导学生遵守规则，树立规则意识；当学生青春期情感萌动时，我们需要尊重学生，认可学生，与之平等交流与对话。

"天空收容每一片云彩，不论其美丑，故天空广阔无比。"解决教育中遇到的各种疑难杂症，都需要从爱出发，关注学生的立场和需求，善用教育智慧。

专家点评：

本文谈到了学生成长中常见的三个问题。其中，"不做作业"和"迟到"违反了学校的课堂纪律。规范学生的行为，维持良好的课堂秩序是老师开展教学工作的前提。而"早恋"问题则属于青春期孩子的情感问题。

针对"学生不做作业"问题，张仪老师从不同层面列举了六种策略，对新教师有借鉴意义。"兼顾差异"，符合因材施教的原则，满足了学生的个性化学习需求，也是关怀教育理论的灵活运用——拒绝教育普遍性，注重个体内在需要；作业的反馈不仅能够帮助学生及时发现和解决学习中的问题，巩固学习成果，更有利于师生互动；"共智共育"则提醒新老师：孩子良好行为习惯的养成需要学校和家庭一起努力。

针对"迟到"问题，张仪老师提到了"榜样示范"的方法，非常好。教师要矫正学生不好的行为习惯，首先需做出正确示范。在实践中教师要考虑到孩子的家长、朋友对他的影响，好习惯和不良行为都是可以通过耳濡目染养成的。

一般老师和家长都担心"早恋"会对学生的学习和生活产生负面影响。学生进入青春期后，会喜欢和爱慕某个异性，这是情感发展的需要。针对"早恋"问题，张仪老师根据自己的工作经验，总结了三大原则："知而不言"保护了学生的自尊，"疏而不堵"体现了尊重和理解，"循循善诱"则显示了教师的沟通艺术，值得新老师学习借鉴。

如何与特需学生进行沟通

桂利利[1]

一、心理有困扰

孩子们在成长的过程中或多或少都会遇到一些心理上的困扰,如学习压力、同伴冲突、亲子关系不良、考试焦虑等等,从而给他们带来情绪、行为、认知等方面的影响,导致心理问题甚至心理障碍的出现。而老师,作为孩子们人生中的重要引导者,如果能更好地理解、接纳孩子,更好地与之沟通,就能帮助孩子快速消除心理困扰,使其生命绽放光芒。

(一)良好的师生关系是基础

我想很多老师都会有这样的体验:当你与学生关系好时,学生有什么心事都愿意跟你说;你对他说什么,他也愿意听。因此,要与学生进行良好的沟通,良好的师生关系是基础。

(二)真诚、开放,打开孩子的心门

在谈论这个话题之前,我们先来感受一下班主任和学生小A的沟通过程。

小A最近几周都低着头。无论是上课还是课间休息,她都趴在桌上,操场上、走道上玩闹的同学中看不到她的身影,她也几乎不跟周围的同学说话。上课被提问时,她常常一脸茫然,支支吾吾说不出话来。有熟悉她的同学跟老师反映,她的爸爸妈妈最近经常吵架,在闹离婚。

班主任:这段时间你的状态很不对劲哦,上课不好好听讲,也基本不跟同学们交流,这样下去,你的期中考试可就糟了。听说你爸爸妈妈要离婚,但那是他们大人的事情,你也管不了,你只管好好学习就行了。你刚进来学校的时候,成绩可是名列前茅。初中的学习进度很快,难度也大了,一不小心就会落后。所以,不要去管其他的事情,把心思放到学习上来。

---

[1] 桂利利,重庆市璧山中学专职心理教师,国家二级心理咨询师,卡牌分析师,联合国儿童之家项目聘请专家,国家名师领航工程"毛明山名师工作室"成员。

小A低着头,一言不发。

班主任的出发点是很好的,他担心孩子目前的状态,希望能通过劝说,引导孩子努力学习,不要受到父母闹离婚的影响。但是,孩子为什么一言不发呢?如果班主任的关心是100分,小A可能感受到的只有10分,她感受到的更多是指责、说教,于是她的心门向老师关上了。

如果我们能换个方式,试一试用真诚、开放的态度与孩子沟通,也许会收到不同的效果。

班主任:最近老师发现你状态不大好,上课的时候总是低着头,平时也不怎么跟同学交流。老师很担心你,也很想帮帮你。(真诚表达对孩子的关心)你愿意说一说,是什么事让你呈现出这样的状态吗?(开放式提问,了解孩子状态背后的原因)

小A:没什么,就是心情不太好。

班主任(身体前倾,语带关切):是啊,我们都有心情不好的时候,那段时间真的是很难受。我也有心情不好的时候,一般我会跟朋友倾诉,说出来会感觉好很多。你愿意跟老师讲一讲吗?

小A:我爸爸妈妈天天吵架……

我们可以看到,"真诚、开放"能更有效地打开孩子的心门,让他们愿意迈出沟通的第一步。当然,要实现良好的沟通,倾听、共情也很重要,否则,我们可能再次让孩子关上心门。

(三)倾听、共情,搭建沟通的桥梁

让我们继续回到这对师生的沟通中来……

小A:以前回到家,爸爸妈妈都会做好饭等我一起吃,一家人有说有笑的。可是现在,爸爸妈妈三天一大吵,两天一小吵,家里像战场一样,乌烟瘴气的,我现在根本不想回家。他们一吵架,我就躲在房间里哭,晚上也睡不着,就想着他们离婚了我怎么办,上课根本听不进去。同学们都没有经历过这些,跟他们说了他们也不懂。

此时此刻,如果老师能耐心地倾听,时不时地点头,给予表情、肢体、语言上的回应,孩子会因为你的认真倾听,而拉近与你的距离。

如果我们采用这样的回应,可能效果就不那么好了。

老师1:他们吵就让他们吵吧,你也没办法改变,如果他们要离婚,你也只有去适应。(摆事实,讲道理)

老师2:大人的事情小孩子也不懂。不就是离婚嘛,你也别哭了,没什么好难过的,日子还不是要继续过。(否定孩子的感受)

老师3:对你来说,学习才是最重要的事情,不要去管父母的事,把心思放到学

习上来。（忽略孩子的感受，讲道理）

我们能感受到，这样的回应似乎缺了点什么。没错，缺了共情。什么是共情，通俗来讲，就是把自己的脚放进别人的鞋子里。具体来说，就是站在对方的角度考虑问题，理解对方的情绪、感受和观点，并将之传递给对方，让他有被理解和被认同的感觉。

在刚才的对话中，老师没有关注到孩子的情绪感受，而只是告诉孩子事实——父母不可避免要吵架，甚至要离婚；或者是给孩子讲道理——好好学习，不要想其他的事情。

在孩子的情绪占据上风时，他的理性就暂时停止了工作。此时此刻，最重要的是老师的倾听与共情，而不是讲道理。

如果老师能把自己的"脚"放在孩子的"鞋子"里去感受，就能体会到孩子面临父母吵架、闹离婚时的伤心、失落、担忧甚至绝望，于是回应他：

嗯，父母吵架让你很伤心，你也很担心他们离婚，担心失去他们，失去他们的爱和关心，担心失去这个完整的家。你也很着急想做些什么，但是，你又不知道该怎么办，同时又觉得别人都不能理解自己的感受，于是只好在自己房间里哭。（共情）

这样的共情，能让孩子渐渐释放情绪，让他感觉到被理解、被接纳。情绪宣泄完后，理智就会回来，孩子才能进入问题解决的模式。

二、学习有困难

每个孩子都是一颗向上生长的种子，都有着向上生长的能量，都能学好知识。只是，在他们向上生长的过程中，有着各种各样的阻碍，有些来自他们自身，有些来源于家庭，有些来源于社会环境。如果我们能找到孩子学习困难的原因并陪伴他们一起解决，激发学生积极向上的能量，那么，每一颗种子都会成长为他们生命中最美好的样子。这就是我们教育的初心——陪伴每个孩子成为最好的自己，用他自己的方式去发光。

小Q的学习状态一直让老师和家长担心，上课老开小差，作业完成质量也不高，有时候拖拖拉拉到很晚作业都做不完，排名也一直靠后。

老师私下跟小Q沟通，放弃说教、讲道理，以真诚、开放的态度打开了小Q的心门，用倾听、共情搭建起了沟通的桥梁。这时，老师了解到，其实小Q内心是很想努力学习的，也很想学好，之所以不能付诸行动，或者努力了一阵子就懈怠，主要有以下几个方面的原因。

(一)动力不足

一方面不知道自己到底为什么而学习,一方面也缺乏信心,总觉得自己努力了也学不好。

针对这个原因,老师从以下两个方面跟小Q一起开始了探索和尝试:

1. 生涯探索,激发动力

因为小时候看的一部电视剧,小Q很想成为一名军人。在老师的鼓励和引导下,他开始去思考,如果要成为一名军人,需要如何规划自己的人生,如何确定人生不同阶段的目标。

2. 关注过程,及时反馈

之前,小Q也努力过,但成绩要么停滞不前,要么下滑,要么上升的结果与自己的期待相差甚远。这些都令他没有成就感,缺乏持久的动力,很容易懈怠。

对此,老师引导小Q去尝试关注过程,及时给自己学习上的反馈。比如,每天在学习反馈记录本上写下自己又学到了什么新东西,掌握了什么新方法,或者对知识有了哪些新的理解等。不再仅仅以最后的考试结果去评价自己的努力是否有效。当小Q记录本上的内容越来越多、形式越来越丰富时,他学会了去关注自己已经掌握的知识,越学越有劲。

(二)因人废事

因为数学老师又严厉又偏心,小Q很不喜欢数学老师,进而不喜欢学数学。

这时候,老师与其去和一个被情绪左右的孩子讲道理,不如理解和接纳他的情绪,听他说一说这背后的故事。当他把自己的想法、感受、观点表达出来,回归理性后,他自己便会开始思考怎样更好地处理问题。接下来,老师再和孩子共同讨论如何应对和解决问题,其收效将会加倍。

(三)意志薄弱

学生学习困难很大程度上是意志薄弱造成的。主观上,他们想要努力,特别是新学期的开始、一场大考之后,他们往往激情满满、动力十足;而现实是,他们很难持之以恒、坚持下去。

在跟小Q沟通时,教师需要充分地倾听和共情,让他感受到老师对自己的理解和接纳。

接下来,教师需要跟他一起讨论:要实现每一个小目标,自己能做什么——注意,是能做什么,不是想做什么。为什么呢?因为很多时候,学生很希望自己能学好,所以他们有太多太多想要做的事情,可是自己又很难做到。长期想得太多又做得太少,内心会焦虑不安、自我怀疑,甚至可能开始产生习得性无助,认为自己反正都是无法做到好好学习的,还不如干脆放弃努力。

最后,同样的,孩子需要在做成一件事后及时地给予自己反馈,让自己获得成就感。与此同时,老师也要善于发现孩子的努力和进步,及时给予肯定和鼓励。内外兼顾,孩子学习的动力就会更足。

我们还可以引导孩子建立一个"意志存折"。比如:早上闹钟一响,立马起床,就给自己的"意志存折"里存进2分(分数可以由学生自己根据难易程度来确定);如果闹钟响后5分钟才起,存1分。老师每周跟他一起计算总分,及时给予反馈和鼓励,帮助孩子培养良好的意志品质。

(四)方法不当

小Q学习困难还有一个他自己都没关注到的原因,那就是学习方法不当。这就需要各科老师跟孩子多交流,对其多进行指导。在交流和指导的过程中,我们可以秉承以下几个原则:

(1)学习方法一定要是可操作、可评估的。

(2)学习目标应该是学生目前能力范围内能够达成的,或者是稍微努力便能达成。如果超过了学生的能力范围,或者是学生怎么努力都做不到,他就很容易放弃。只有当学生能做到,自我效能感增强,对自己更有信心,他才会越学越有劲。

(3)循序渐进,不可操之过急。一般学习有困难的学生,他们在自我管理能力上都会稍显不足,因此,如果一次让他们养成多个学习习惯或练习多个学习方法,会让他们更加焦虑、着急,反而不知道如何规划自己的学习生活。建议1—2周练习1—2个好的学习方法或养成1—2个好的习惯,教师及时进行评估和反馈,让他们看到自己行为的结果。这样不断强化,学生就会将这些好的方法、习惯固化下来。

三、身体有残疾

法国电影《触不可及》里有这样一段台词:"如果我始终能看到你的好,如果我还能让你变得更好,为什么要施以那些居高临下的关爱和同情?不同情、不怜悯,我想这才是人性当中,最高级的善良。"

我想,这为我们如何看待弱势群体(如身体有残疾的人士),如何与他们相处提供了一些新的启发与思考。

(一)平等对待

在学校曾经发生过这样一件事,老师帮助一个身体残疾、家庭贫困的学生申请到了助学金,但是该学生却拒绝了。老师很不理解,于是私下去问这个学生,学生低着头不说原因,但拒绝的态度非常坚决。在老师的再三追问下,他才说明了原因。原来他不想被别人知道自己家庭贫困,也不想因为自己身体残疾而备受关注。对于这个孩子来说,他想要的不是物质上的帮助,而是精神上的平等对待。

身体残疾的孩子,从小到大,经历了太多人关注的目光。这些目光中,有怜悯、有同情、有鄙夷、有嘲讽……这些目光让他们比其他的孩子更加敏感、多疑,甚至自卑。

这些目光里唯独缺少"忽视"的目光,即不过度关注身体上的残疾,而将其与他人平等对待,一起做清洁,按时交作业,平等竞选班委,等等。除非必要,没有特殊照顾,没有特别关注,身体残疾的孩子就跟大家一样。每个人在班级里都承担着同样的责任,享受同样的权利,不会因为其他外在的原因而有所改变。

在《触不可及》这部影片中,德瑞斯在照顾菲利普时,经常会忘记自己的雇主菲利普是个高位截瘫患者的事实。他喂菲利普吃东西时,替他接电话时经常犯错,忘记了菲利普除了头部其他部位根本不能动;他甚至无法理解菲利普全身都不能动了还活着干什么。他带着菲利普去飙车,和他打赌,给他的轮椅安装滑轮……我们从未见过如此随意的陪护,特别是照顾高位截瘫患者的陪护。但正是他的随意,让菲利普几乎忘记了自己残疾的事实。

这种随意,就是很多身体残疾的孩子想要的——身体的残疾被忽视,取而代之的是平等对待。如果大家能看到他们身体残疾以外的部分,比如,他能为自己做什么,能为大家做什么,能为这个班级做些什么,看到他们生命存在的意义与价值,那么,他们会为此更加热爱自己的生命。

(二)体验价值感

"如果我始终能看到你的好,如果我还能让你变得更好,为什么要施以那些居高临下的关爱和同情?"因此,在跟身体有残疾的孩子沟通时,除了平等对待他们,我们要做的就是始终能看到他们的好,让他们变得更好。

1. 看到他们的好

每个人都希望自己被看见,特别是自己身上美好的部分被看见。因此,要善于发现孩子们身上的闪光点,并真诚地予以反馈。

比如，一个身体残疾的孩子正在欣赏一朵花，老师可以站到他的身边，跟他一起欣赏，甚至都不需要说什么，你会感觉到你们之间有温情在流动，那就足够了。这就是行动的反馈。

有时候，也可以用语言进行反馈。比如，当你走进教室，一个身体有残疾的孩子跟你打招呼，你可以真诚地告诉他，他的问好让你感觉到自己被重视，感觉很温暖；你还可以告诉他，他的笑让你感受到了阳光。

当我们看到他们的好，并反馈给他们，他们会变得越来越好。

2. 为他们创造机会

尽量创造机会，让他们能为自己、为大家、为班级做一些力所能及的事情，让他们感受到生命的意义与价值。当他们能为别人做得更多时，他们会感觉到自己的存在更有意义，他们也会努力让自己变得更好。而在这个过程中，作为老师的你也会发现，这其实是我们和学生相互成就的过程。

3. 善用感谢

身体有残疾的孩子内心更加敏感，因此，当我们想要去夸他的时候，尽量用感谢的语气，而非表扬。感谢是平等的表达，而表扬多少有一点儿居高临下的意味。

例如，当你发现一个身体残疾的孩子帮你擦了黑板，你可以真诚地感谢他："谢谢你帮我擦了黑板，你很爱老师哦！"而不是用夸奖和表扬的语气："今天某某某帮我擦了黑板，我希望大家向他学习。这个班级是大家的，如果值日生忘记了，我希望也有其他同学帮他完成这个任务。"试试用这两种语气对自己说一说，你会体验到不一样的感觉。

教育，其实就是我们在人生道路上与学生携手共进一段旅程。在这段旅程中，我们用真心与学生沟通、交流，用自己的人格去影响他们；同时，他们也影响着我们的教育教学风格，最终，让我们成就自己。

专家点评：

本文总结的是如何与特需学生沟通的经验，其中包括与有心理困扰的学生沟通、与学习有困难的学生沟通和与身体残疾的学生沟通等。前两个案例中采用了人本主义心理学的沟通技巧，通过具体而有针对性的沟通语言，开启了孩子的心门。

在小A案例中，沟通的要点主要是"建立良好的师生关系"，而真诚、共情、倾听都是为了关系的更好建立与发展。正如人本主义心理学家罗杰斯所说，许多用心良苦的咨询之所以未能成功，是因为从未能建立起一种令人满意的咨询关系。所以教师与学生相处时,需要通过真诚平等的态度、共情的心理体验和认真耐心的倾听来建立良好的师生关系。

在小Q案例中,谈到学习困难的问题,桂利利老师从多角度做了比较全面的分析,包括学习动机、学习策略、情绪、意志力等。找到学生的兴趣所在、进行职业生涯规划、及时对学习结果进行反馈等,都是有效激发学生的学习动机的方法。除此之外,学习策略、学习方法也很重要。各科老师应该就自己学科教授给学生相应的学习方法。意志力是决定达到某种目的而产生的心理力量。文中提到的"意志存折"是培养学生良好意志品质的一种具体的、可操作的好方法。

对于身体有残疾的学生,桂利利老师提出,这类学生需要的是平等的对待和体验到自己生命的意义与价值所在。这启示我们对待这类学生不仅仅要关注他们的生活需求,更要关注他们的精神需求。教师要认识到:每个人都是独特的个体,都有自己的优势和特点,都有自己的追求和梦想,教育就是为了让每个人成为更好的自己。

如何教育一个考试作弊的学生

王文龙[1]

记得那是一次期末考试。

"王老师、周老师,你们到台前来一下。蔡某等学生考试作弊。"监考老师在麦克风里通知。我的脑袋轰的一声,不敢相信自己的耳朵:我的学生,一个优秀班级的学生作弊?

我摇摇晃晃地来到教室,同学们正在午休。蔡某还没到教室。

"他在寝室洗脚。"班长对我说。

是脚太臭,还是手太臭?该是手太臭吧,该狠狠地洗洗手才对。我心里一阵苦笑。

过了一会儿,他慢腾腾地走来,步子很沉重,他知道我在等他。

"学校领导通知你到阶梯教室去一下。"我压制住心中的怒火。

望着他稍显肥胖的身影消失在走廊的尽头,我扭身走进教室。

"优班的学生居然作弊?不但这一科记零分,还要被记过处分,考大学都要受影响。有没有补考的机会,还是一个未知数,如果不能补考,毕业证都拿不到。这些后果怎么就不想想?"我在心里骂道。

默默发泄了一通,还得乖乖地去监考。现在想来,我算理智的了,没有在蔡某面前发泄。

晚自习前,我把蔡某叫到办公室,见办公室人多,不好提起这件事,于是叫他到走廊。

该从何说起?我心里在打鼓。说轻了,达不到教育的目的;说重了,起反作用,甚至可能出现意想不到的局面。

"你的性格比较内向,不大爱说话。"

"是的,不爱说话。"他慢吞吞地应道,阴沉着脸。

"遇到挫折会怎么样?"我试探地问。

"还好吧,我也想得比较开,应对就是了。"他露出一口白牙,显得有一丝阳光。

看来他的心理承受能力还可以,接下来我说话就大胆多了,心情也宽松很多。

"能讲讲作弊的过程吗?"

---

[1] 王文龙,重庆市璧山区来凤中学教师,重庆市特级教师,正高级教师。

"他是我高一的同学,考数学的时候,就瞟了几次。考物理的时候,他干脆就直接让我给他传纸条。想到是同学,脱不了那份情,再加之侥幸心理作怪。"

"不能拿做人的原则去换人情,遇事要动脑筋。"

"当时就是缺乏考虑,现在想来,觉得自己很笨。"

"你知道作弊的严重后果吗?"我想了想,还是决定把作弊的危害告诉他。

"该科记零分,记过处分,即使撤销处分,档案上也会留下污点。你不但给自己的脸上抹黑,你还给班级、老师以及你的父母脸上抹黑。你的不负责任的行为付出的代价太大。"我的语气显然温和了许多。

"确实是一次惨痛的教训,我接受冲动的惩罚,我会为自己的不负责任埋单。"

"这才是男子汉,你很成熟。"我向他竖起了大拇指。

班主任的职业敏感告诉我:不能就此罢休,要变坏事为好事,让他认识到错误的同时,以此为契机,激励他更加勤奋地学习。

"你可以将功补过。期末考试就要到了,我给你定一个目标:期末考进年级前十。为了实现这个目标,你早、中、晚要较早地进教室,我要检查。你有信心实现这一目标吗?"我坚定地望着他。

"行!"他目光坚毅,显得自信满满。我对他也充满了信心。

"事后,你写一下对这件事的看法,也谈谈达成期末考试目标的具体方法。"我说。

"好的!"他很干脆,我喜欢。

通过处理学生作弊这件事,我深深地体会到:

1. 遇事应沉着、冷静

优秀班级的学生作弊,对多数教师而言难以接受,会在心里面咒骂,大动肝火。还配优秀班级学生的称号吗?优在哪里?简直是品质败坏……如果班主任朝着这样的思维想下去,心智就会大乱。见到作弊的学生,一定会丧失理智、破口大骂,搞得双方心绪不宁、关系紧张。此时,班主任不应急着找作弊学生训话,而是静下心来思考如何让学生认识错误、改正错误。想清楚之后,再找作弊学生谈话,教师的心情就会平静很多,教育的效果也会好很多。

2. 要智慧育人

智慧育人是一种讲方法、重体验、强感化、促内省的育人方式。教育者不能由着自己的性子来,感情用事。和犯错误学生对话,要事先了解犯错误学生的思想状况、心理承受能力等。不了解教育对象、一厢情愿的对话,是愚笨的教育,教育效果极差。本次和作弊学生对话,我先了解了他内心的想法,试探他的心理承受能力;在此基础上,引导他认识到作弊的危害,要求他写出对这件事的看法,使其内心有所触动与感悟。我以为处理这件事较为明智的地方是,我决定让坏事变为好事,让学生真正地"吃一堑,长一智"。于是,我要求该学生"将功补过",为班上其他同学做好榜样,该学生也欣然答应。如此一来,教育效果不言而喻。

激励学生,促使学生内省;挖掘学生潜力,促进学生成长;此乃育人真谛。

专家点评:

教育学生是一个既"科学"又"艺术"的复杂活儿,特别是面对犯错的学生,教师应注重把学生的道德感、责任感呼唤出来。这就需要教师讲究教育的方式方法,克服情绪冲动。这些知识和技能往往是新教师比较缺乏的,需要学习和历练。本文以学生蔡某考试作弊后教师的情绪体验和教育处理为例,成功地展现了教师如何克制自己的情绪冲动;如何考虑学生的心理感受和承受能力,并告知学生考试作弊的后果,让学生为自己的不负责任"埋单";如何成功地引导学生,将坏事变为好事,使学生更加勤奋地学习。如果"该科记零分,记过处分,即使撤销处分,档案上也会留下污点"这样的作弊后果,是事先以"规则"的形式为所有学生所熟知,而不是事后告知就更好了。

如何激发"潜能生"的潜能

韩宜奋[1]

先说说两个近年来的例子吧。

2013年,我接手了一个高一班级,当时班级第一名学生的成绩只排在全年级一百名以后,班级学生的整体素质并不是特别出色。但是3年以后,这个班高考考出了佳绩:全班学生都考上了重点大学,6人分数达北大清华录取分数线,一人总分全省第四,语文成绩全省前六名均在这个班级。2016年我再接手一个高一班级,同样的基础,最后高考同样获得佳绩。

那么,获得佳绩的关键是什么呢?关键在于让每一个学生都成为"潜能生",发挥其最大的潜能,做最好的自己。

那么如何让"潜能生"行动起来?要解决这个问题首先得弄清何为"潜能生"。"潜能生"这个词从严格意义上来说是失之偏颇的:一是任何人的能力都不可能全部被开发,二是所谓的"潜能"是指哪方面的潜能呢?据此,我们应对"潜能生"进行广狭义之分:从广义来说,每一个学生都是"潜能生",因为"人的能量超乎想象";从狭义来讲,成绩不够好或表现不佳的学生可称之为"潜能生"。明确了这点,我们就清楚了,激发学生潜能,应该是一个点面结合的综合治理工程。

一、营造氛围,点燃激情

接手一个新班级后,让班级有自己的目标和定位,让学生对其目前的状况和未来的成长愿景有清晰的认识,让班级形成努力向上、生机勃勃的氛围,是一个教师应有的教育意识和自觉行为。在班级建设之初,教师就应着手对全体学生进行"洗脑",引导学生树立"我的能量超乎想象"的意识,点燃他们的激情,创造一个人人主动进步的大环境,通过环境的熏陶感染来捂暖班级的每一个人,让人人都成为不可限量的"潜能生"。

那么,如何"洗脑"呢?开学之初我们就及时利用班会课开展了"你的能量超乎想象"的主题体验活动。全班同学分成四个组,每个组推举一位同学出来平躺

---

[1] 韩宜奋,广东省中山纪念中学原语文教师,全国模范教师,全国教育系统先进工作者,广东省特级教师,广东省名班主任工作室主持人。

在拼起来的课桌上,组里的其他同学想办法每人用一根手指一起把这个同学抬起来。当老师把这个游戏的规则告诉同学们的时候,大家都不相信每人一根手指就能抬起一个人。等到大家通过群策群力真的把这个同学抬起来后,老师的启发就显得尤为重要了:为什么开始我们不相信能抬起来?后来是怎么抬起来的?从这次活动中你领悟到了什么道理?你对这次活动中的自己有何评价?你发现哪个同学特别值得你学习?……这些问题引起了同学们的积极思考和讨论,大家在活动带来的兴奋和快乐的刺激下,各抒己见、畅所欲言。讨论不但让学生们对活动有了更深刻的体验,也打破了彼此的隔阂;更重要的是,这为班级奠定了一个温暖团结、积极向上的基调。最后,我对这次活动做了深入的分析,点评了同学们的各种表现,引导大家进一步明确了主题:我的能量超乎想象,努力做最好的自己。

一个班级的整体导向特别重要,学生有了成长的目标,每个人都会努力做最好的自己。如此,他们既为别人树立了榜样,同时也在别人身上汲取前进的力量。在这个相辅相成的辩证过程中,班级的大环境建立了,班级的气氛形成了。在这样的环境中,每个人既是受益者也是贡献者。

我还送给孩子们一句口头禅:"太好啦!"每一件事情都有两面,关键在于你怎么看待。当接到任务时,如果你想这很难我做不到,你的思维大门就会关上,你的潜能就会被压抑,你的信心也会受到打击。就像带兵打仗,还没出征就先泄了士气,是无论如何都打不了胜仗的。但是如果以"太好啦"的心态去看待,心里想着"我又有机会去挑战自己,又能增加功力了",那就会豁然开朗,思维灵动,充满激情。潜能得到激发,问题解决起来就容易多了。这样的引导让孩子们在日后,不论是碰到什么事情,遇到怎样的情况,都会首先自信地说:"太好啦!"做起事来正能量满满。

其实,激发学生潜能、打造美好班级是一个长期的过程,需要有系统的建设。这期间一定要紧扣主题,善抓契机,每一堂班会、每一个活动、每一次谈话都是发现和激发学生潜能的机会。只要我们心中时时有这样的意识,多动脑筋,一个班风好、学风好的班级就会建设起来。

二、对症下药,因材施教

有了整体的布控,就要因人而异、对症下药、因材施教了。一般来说,"潜能生"可以分为这几类:"奋进生"成绩优秀,"痴迷"学习,不问"世事",略为以自我为中心。教师需要从为人处事的角度去激发、培养其大气和担当的情怀,让他们成为有格局有大志的少年,成为班级的领头羊。"潜进生"乖顺听话,勤奋学习,但学习成绩上升不快,自信心不足。教师需要对其进行思维和方法上的训练引导,从成绩提升入手,让他们在学习上有更大的进步空间,增强自信。"待进生"不爱学习,成绩不佳,行为习惯不良,缺乏上进的动力,他们需要的是全方位的帮扶,特别需要教师不带成见的关爱和耐心到位的引导。对此,我们要做好以下三方面工作。

(一)了解情况,掌握材料

通过主题班会、体验活动(网络上有各种体验活动的方案)、前后衔接(通过学生档案或跟学生以前的老师交流,了解其过去的整体情况)、个别谈话(谈话时特别注意要站在学生角度切入,引导他们说真话,切莫让学生有被审之感,从而产生敌意)、面见家长(通过家长了解学生及其原生家庭)等途径和方式来对学生进行深入的了解,尽快掌握他们的第一手资料。

(二)建立档案,进行分类

对掌握到的第一手材料进行分析,加以分类,或是按类分组帮扶,或是针对个别有的放矢。在分类分组上,我们成立了各种小组,包括科学攻坚小组、运动达标小组、日行一善小组、阅读分享小组、写作小组、书法小组、口语小组、志愿服务小组、文艺活动小组等,通过目标设定、任务落实、定期展现来促进小组成员成长。

对于个人,则应根据不同的情况,开展不同层面的有针对性的谈话和引导。

有一个男生,很聪明,爱写诗,爱幻想,蔑视应试教育,不愿参加考试。我跟他说:"你爱写诗,但是在现实的成人世界里,读诗的人实在寥寥,你想你的诗有读者、有懂得的人,必须到大学校园去,那里才是诗人的伊甸园,因为'青春情怀总是诗'嘛。只有优秀的年轻人聚集的地方,才会有最美的诗,你才会找到知音。还有,你现在还没有资格蔑视应试教育,因为你没有蔑视它的能力,真正的蔑视是'我可以把你战胜'。你不参加考试,不做作业,不听课,我们只看到一个逃避现实的胆小鬼;你只有凭自己的实力考出一个漂亮的成绩,才能给应试教育一个响亮的耳光。"从此,这个孩子开始潜心学习,当他在一次次的进步中尝到甜头后,学习的劲头上来了,最后他考入了北京大学中文系。

跟个别学生谈话有个基本原则:说人话、做人事、通人性、解人情。不讲大道理,不讲老师式的套话;要尽量换位思考,站在学生的角度思考问题,讲学生听得懂的话,讲有实效的话,讲有鼓励作用的话,讲有感情的话。所有的谈话,都应该在懂学生的前提下去开展。要想谈话有效,师生间建立深厚的感情是基础。因此,爱学生、懂学生永远是激发"潜能生"潜能的首要条件。

小组活动有计划,个别引导有方法,把一切工作记录归档,时时让学生看到自己前进的足迹,有利于学生循序渐进地成长。

(三)科学在前,勤奋殿后

当"潜能生"学习出现问题时,不要简单地归因为"学习态度不好""不认真学习"。要知道,态度不好的背后是不会,不认真的背后是不爱。因为不懂,自然不知如何使劲;因为不喜欢,当然不可能投入。教师只有明白这些,才能理解"学渣"们的痛苦,才知道应该把着力点放在何处,从而开展有趣有效的教学。

在高中,语文总会被当作边缘学科——好不了,死不了;语文作业往往如鸡肋一般,学生在做完了所有的作业之后才会做语文作业。而这时,常常也是晚自习快要结束的时候,学生往往匆匆而为,作业的质量可想而知。如果我们把这种现象的出现简单"定罪"为"态度不好、不认真"的话,非但解决不了问题,还会让学生对语文学科产生疏离感。所以我借助了电影这一载体和媒介,让学生在电影的引领下开展文本阅读和写作训练,这符合当代学生的欣赏习惯,也充分利用了这个时代给我们提供的便利。声色画面的多维刺激,调动了学生的情感,激发了学生的兴趣,极大地点燃了学生学语文的激情。高中三年,我给学生放映了六七十部电影,比别的班级多写了六七十篇文章,学生乐此不疲,写作和阅读能力得到了根本的提升;而且,每一部优秀的影片都是最鲜活的关于真善美的教育,在观影的同时,也完成了对学生的品德教育、审美引导。另外,针对学生没有时间完成作业的现状,我决定把作业留在课堂上完成。提高课堂效率,提升教学的科学性,带领学生开展逻辑思维训练,引导他们"事事找规律,时时讲方法",让他们做学习的主人。在有序、有法、有效的学习引导下,勤奋就不再是劳而无功的走过场。学生爱学、会学,潜能自然得到大大的激发。

(四)堂堂过关,人人过关

传统课堂上,基本都是教师讲学生听,而且一直把"只要练不死就往死里练"奉为提升成绩的信条,但这恰恰是所有成绩不好和不爱学习的学生的痛——劳而无功的付出让他们质疑自己付出的意义,怀疑自己的智商,"痛恨"学习所带来的痛苦和压抑。这也是大多数学生看不到自己的潜能,惧怕学习、缺乏信心的原因。因此,课堂教学不只为单纯地完成教学进度,更要让学生真正明白所学,并把所学化为能力,获得解决问题的思维、规律和方法。我们有一句口号:少做一道题。我们也有一个要求:人人都能讲堂课。我们还有一个习惯:师生对对碰(面批作业)。

"少做一道题"是指不瞎做题,每做一题都有效,都有所得。我们有一个检查作业完成度的"七步自检法":知识点落实、规律分析、方法探究、自我思维特质发现、做题心态检测、做题态度自省、做题所得总结。每次做完作业,学生就用七步法自检,努力做到付出就有收获。"人人都能讲堂课",是指实行"作业承包制",每个同学轮流批改当天的部分作业,第二天上台和同学们分享作业情况,讲相关知识点;不同层次的同学承担不同的作业批改任务，再通过上台讲解实现知识点的消化和各方面能力的提升。很多"潜进生"和"待进生"就是在一次次上台讲题的过程中激发了潜能，实现了成绩上的跨越。而"师生对对碰"是指教师对学生开展一对一的面批工作，哪怕一学期只有几次，效果也比全班授课明显。一对一的面批工作，促进了老师对学生的了解，让老师能"对症下药"，因材施教，从而让教学得到真正的落实；同时，也增进了师生情感。这也是我们推动"潜能生"前进的有效方法之一。正因为这样的教学措施，我们做到了堂堂清、人人清。学生每个人都找到了自己的着力点，都有了自己的前进方向，学习和成长成为他们主动和自觉的行为，内驱力发动了，进步是必然的。

其实，每个学生都有其闪光点，教师不能只关注学生的学习成绩。跟学生建立良好的感情，师生间彼此懂得，让每个学生都找到自己的发力点，通过良性刺激来提升他们的自信心，激发其学习的动力，让他们主动自觉地做最好的自己。我们的做法只是一个例子，只要明了"彼此懂得"的道，根据学生的实际情况来教学，教师的方法肯定是无穷的。

专家点评：

由于业内朋友的介绍，我对韩宜奋老师的班主任工作和语文教学工作早已耳熟能详，十分钦佩韩老师！《如何激发"潜能生"的潜能》一文，以清晰的逻辑、轻快的文笔道出了对教育教学的思考领悟。该文是一篇强有力的、有科学支撑的、特别有效的教育行动方案，也是一首美丽的关于教育的诗，不仅仅对新教师有借鉴作用，对于很多有经验的教师也有学习参考的价值。曾担任哈佛大学教育哲学研究中心主任的谢弗勒教授在其《人类的潜能——一项教育哲学的研究》一书中指出，实现潜能需要适宜的环境、充足的资源、适当的方法、一定量的知识、恰当的时间等。韩老师通过营造班级积极上进的文化氛围、目标引导等一系列科学、有效的手段，开发了学生的潜能。

如何让学生成为最好的自己

卢凤[1]

成为最好的自己,是人人都向往的境界。我们每个人都在朝着那个方向努力,所以我们忙忙碌碌、精益求精、呕心沥血。

如何才能让学生成为最好的自己呢?多年的教育生涯中,我觉得这三点特别重要:

一、尊重差异,让学生站在舞台的中央

一花一世界,一叶一菩提。学生间是有差异的,我们应该尊重这份差异。我们要善于发现每个孩子的兴趣爱好,知晓每个人的性格特征,让每个人都找到自己的位置,让每个人都站在舞台的中央。

无论是李镇西还是魏书生,都提倡让全体学生参与班级管理。他们更注重思想观念的培养,如服务意识、主人意识、创造意识、效率意识等。让班级中人人有事做,事事有人做,创设丰富而适宜的班级管理岗位。

著名教育家魏书生在班上设立了养鱼负责人——鱼长、养花负责人——花长、关门的负责人——门长等。他设立了值日班长,让学生按照学号轮流值日,每个人都要参与;设置了10条值日班长职责,其目标明确,操作性强。给学生机会和条件,让他们成为班级管理的主人,让他们站在舞台的中央,你会发现他们变得自信满满、宽容团结,每个人都在努力提升自我,努力"成为最好的自己"。

二、相信孩子的发展潜力

人的潜力是巨大的,上帝赋予了每个人成功的可能,每个人都可能做得更优秀。教育最重要的事情是相信学生,相信他们每一个人都能书写自己的精彩,都能成为最好的自己!

我曾接手一个新班,在报到的第一天,"何宇"(化名)被我点到多次仍没有答

---

[1] 卢凤,重庆市璧山区实验小学课程部主任,高级教师,重庆市骨干教师,重庆市优秀班主任,重庆市书香教师,曾获重庆市班主任基本功竞赛一等奖、重庆市班会课一等奖、全国第十届文化作文赛课一等奖。

"到",一个家长告诉我:"那个正在哭的就是何宇,可笨了。"我抬头望去,一个个子小小的、有着白净脸庞的男生正坐在位置上嘤嘤地哭。几节课下来,我理解"可笨了"的意思了。他居然连"a、o、e"的四声都不会读,教过就忘。学汉字一到十,他只会默写"二""三""十",剩下的都不会了。作业不看别人的基本不会做,课堂上几乎见不到他举手,就安静地坐着发呆。第一个月里,接送他的人换了一拨又一拨:把他从小带大的外婆不能坚持了,奶奶接手不到一周便弃他而去,疼爱他的妈妈辞了工作天天守着他,眼泪都快流干了……这个孩子咋了?我请教了无数的"教育高手",用了很多办法,然而都于事无补。

面对何宇,该怎么办呢?六年以后我将要还一个什么样的孩子给家长?是灌之以醍醐?还是辅之以琼浆?最后,我从书本中找到了答案——相信他的潜力是无限的。

正如苏霍姆林斯基说的,何宇是一个"还在沉睡的孩子"。无论哪个学科的老师在讲台上讲得"唾沫横飞",他一概"置之不理";午休时间,他"流连"于乒乓球台下、沙坑边;合唱决赛场上,演唱完毕大家都有序下台了,他居然稳若泰山、纹丝不动——睡着了,台下的观众都替他捏了一把汗,他却毫不在意……

虽然如此,我仍然选择相信他,相信他的潜力是无限的。课堂上,我把特别简单的问题留给他,并且和他定了一个特殊的约定:当能回答上问题时就把手举得高高的,回答不上时就握成拳头。就这样,在班上,他被肯定的次数越来越多,受到的鼓励越来越多,被大伙儿点赞的次数也越来越多……

渐渐地,他有了进步:上课的专注度高了,作业慢慢会做了,说话清楚多了。上课的铃声慢慢"钻"进了他的耳朵,再也不要人去找他回教室了。其他学生对他也多了份关心,一个个"小先生"开始教他做一些基础的题。尽管字不美观,但丝毫不影响辨认。接力赛、读书活动上渐渐有了他的身影,测试题得分慢慢向及格线靠拢。更令人惊喜的是,在《蚂蚁的一家》的绘本讲述中,他能思考出是小魔怪读书给他爸爸妈妈听,才改变了他爸爸妈妈吃人的习惯。他懂了!他能表达了!我看到了何宇的进步,看到了他身上藏着的无限潜力。

三、"童书""悦读"相伴,让阅读成为孩子的生活方式

特别喜欢教育家朱永新说的一句话:一个人的精神发育史,就是他的阅读史。读书多的孩子,一般来说,他的视野会更开阔、精神会更充实。

你相信6岁的孩子会写诗吗?相信10岁的孩子会出书吗?千万不要对自己说"不可能",凡事皆有可能;千万不要对孩子说"不",人人都有可能成功!

刁老师一到暑假就会接到家长们的"投诉"电话:"老师啊,有没有什么招儿来治治我家的电视迷呀!每个频道的电视节目都记得清清楚楚,广告语背得滚瓜烂熟,有些电视剧看了又看,甚至能背诵剧中人物的对话,每天都是'眼不离屏'呀!

咋办嘛?"刁老师班级的学生,大多都来自郊区、农村或其他城市,父母均为打工者,让爸爸妈妈做"亲子阅读"几乎是不可能的事。在学校里,刁老师坚持每天读"童书"给孩子们听,包含童话、诗歌、历史故事、神话传说等。在动听的故事里,在美妙的书声中,在童书的滋润下,孩子们进步了,成长了,每天写的日记也越来越有文采。很多老师都曾开展过晨诵、午读、暮省活动,做到不难,贵在坚持。行动才有收获,坚持才有奇迹,教师应努力让"童书""悦读"成为孩子们的一种生活方式。

教育不是把孩子的篮子装满,而是把他们的心点亮!教育说到底是要给人幸福。一起努力吧,让学生的生命在学习生活中被自然滋养,让每一天都成为学生生命中的美好记忆,让每一个学生都成长为最好的自己!

专家点评:

连"a、o、e"的四声都不会读,教过就忘;学汉字一到十,只会默写"二""三"和"十",剩下的都不会了;作业不看别人的基本不会做;课堂上几乎见不到他举手,就安静地坐着发呆;耳朵里永远听不见上课铃声……这样的学生,现实中,绝大多数教师都会选择放弃。可是,重庆市璧山区实验小学课程部主任卢凤老师,选择了相信何宇(化名)的潜能是无限的,并最终使得何宇能够在课堂上把手举得高高的、能够完成基础题、考试能够及格……卢凤老师的相信、坚持,获得了回报。人们也许会赞扬卢凤老师的责任心、对工作和学生的满腔热忱。不过,赞扬之余我们更应该理性地看到,卢凤老师有的不仅仅是责任心,还有作为一位教师的专业素养。她看到了学生发展的差异性,有的学生发展快、早,有的学生发展慢、迟。她的教育理念也是真正先进而务实的,"一切为了学生"是许多学校的标语,可是许多人眼中没有具体的学生,只有抽象的"学生",一遇到成绩不好、表现不好的学生就抱怨。仔细想一想:让"成绩不好、表现不好"的学生慢慢变好,不正是教师专业性的体现吗?否则,教师怎么称得上是一个职业呢?卢凤老师教导何宇的案例,对处于职业生涯初期的新教师、专业发展提升阶段的成熟教师,乃至教育研究人员都有启发、借鉴价值。

如何让学生亲近老师

刘代庆[1]

2020年伊始,新型冠状病毒蔓延,举国上下齐心协力、众志成城抗"疫"。国人痛定思痛,开始静下心来思考,比如石梁在《静静的中国》一文中说道:"病毒给人类上了生动且深刻的一课,它让我们懂得了敬畏,它也让我们知道了什么叫'岁月静好',它更让我们感受到了人间真爱,它让我们渐渐走上爱的'回归之路'。"

作为一个教育人,我们常常在各种培训、各种教学考核面前疲于奔命,很难静下心来教书,更别说去走近学生、亲近学生、育化学生了。此时,"岁月静好"其实也就是"做一天和尚,撞一天钟"罢了。显而易见,这违背了从事教育工作的初衷。培训也好,考核也罢,不是目的,只是手段,越是繁忙,越是需要我们教育人静下心来,回归教育之根本:关注人,关注我们服务的对象——学生。

一、倾听获信任

倾听,能够拉近师生的关系。14年的班主任生涯中,和学生家长交流的时候,听得最多的话便是:"老师,麻烦您管理严格一点,孩子上了高中以后,逆反心理很重,根本不愿意和我们大人交流,回家就把门一关,当我们是空气一样。他也就听老师的话了,麻烦您多费心。"听完此番话,我的内心并没有因为受到恭维而愉悦,反而心生惆怅。和一群处在叛逆期的"小大人"相处久了,我发现,不是孩子不愿意和大人交流,而是在和大人交流的过程当中,孩子感受到的多半是大人以爱为名义的各种安排和训斥。长此以往,与大人的交流就从"少说"干脆变成了"不说"。作为一名班主任,我常常在想,怎样做才能让孩子们愿意向我打开他们的话匣子,从而亲近我,建立起和谐的师生关系?在无数次的尝试以后,我发现了一个很简单的办法,那就是在孩子面前充当一个安静的倾听者,做他们坏情绪的"垃圾桶",这就足矣!

我们班的教室角落里总是坐着一个戴着黑框眼镜、个子不高的男生。他平时寡言少语,在班上存在感不强。直到有一天收到孩子父亲发给我的微信截图,我对他的印象才开始发生改变。截图上显示了这个孩子发给他父亲的一条手机短信。

---

[1] 刘代庆,重庆市璧山区来凤中学高中数学老师,高级教师,教务处副主任,璧山区骨干教师。

内容很短,只有两句话:"你还不给我打钱吗?你想把我饿死在学校吗?"父亲很愤怒,认为孩子没有感恩之心,觉得养这样的孩子很没有意义。我也很震惊,平时这个孩子虽然话很少,但仅有的几次亲密接触,我发现这孩子性格也算随和,绝不是说得出这样无情无义之话之人。难道是我看错他了?我劝自己先冷静下来,趁孩子们午休的时候把他喊到办公室。办公桌上放着两杯奶茶,一杯是我的,一杯是给他准备的。开始他很拘谨,我拿起奶茶自顾自地喝起来。他很诧异我还会喝奶茶。我告诉他,以前家里穷,如果我有多余的需求,就会被父母骂,现在自己能挣钱了,发现随心所欲地花自己的钱真好。他对着我腼腆一笑,我顺势递给他奶茶,他没有拒绝。我希望他也给我谈谈他的父母。最初他是拒绝的,直到他喝完了奶茶,发现我还在用真诚的眼神望着他,他才低着头,像是在说别人的故事一样,谈到了他的家庭。他讲得很慢,时断时续的。我也不着急,偶尔看他难受了,也只是轻轻地用手拍拍他的背,不发表任何意见。我知道,他只是需要一个安静地听他讲故事的人。从他的故事里我知道了,他家的经济条件还不错,家里开了一个小工厂,父亲负责出门跑销售,母亲守工厂。因为父亲长年在外,母亲婚内出轨,父亲知道以后不想吃哑巴亏,拒绝在离婚协议上签字,还到处搜集母亲出轨的证据,弄得家里乌烟瘴气。他恨自己的母亲,也恨把气撒在自己身上的父亲,他认为父母生他下来就应该好好养他,而不是现在这个样子。他说完了,也哭了,我没说话,只是轻轻地关上了办公室的门。我知道对于别人的家庭,我没有发言权。但我也知道,对于自己的学生,我不能少了关爱。所以等他哭完了,我只告诉他,还好你小,还好你有能力选择过什么样的生活,还好你懂得努力。他似乎听懂了,因为后来在学习上他更加刻苦,我鼓励他给班级多做事的时候,他也从来没有拒绝。最后他考上了一个二本院校。离开学校的时候,他给我发了一条微信:"刘老师,谢谢你。"我会心一笑。我知道,我是他的老师,也成了他的朋友。

二、曝短更贴心

放低身段,自曝己短,做真实的自己,让心与心之间的距离更接近。曾看过一篇文章,里面谈到《红楼梦》里贾宝玉为什么会放弃貌美健康识大体的薛宝钗而选择羸弱多病还善妒的林黛玉。因为薛宝钗没有缺点!人怎么能没有缺点呢?要么她就完美得不是人而是神,普通大众对于神往往是望而却步的;要么就是她太工于心计,隐藏得太好,那这种人又太让人害怕了。所以贾宝玉选择了林黛玉。教育家陶行知曾告诫我们说:千教万教教人求真,千学万学学做真人。唯有真人才可亲、可爱、可敬。所以我把自己定义为"接地气的老师""真老师",常常在学生面前不经意地自曝己短,然后自我解嘲,让他们嗤笑一番;还会时不时地表现得精力不够、能力不足,希望得到孩子们的帮助。

一次下班途中,我因为玩手机没有看脚下的路,摔了一跤,膝盖部位破了一个口子。刚忍住痛一瘸一拐地回到家(家就在学校),班长就用班机打来电话询问我晚读的事情,我告诉他自己摔了一跤,不方便到教室。第二天早读的时候,孩子们都知道了我摔跤的事,还有人跟我开玩笑:"老师,你是走路看手机了吧?"我说:"是啊。我就是最好的反面教材!"学生哄堂大笑。离开教室的时候,很多孩子都叮嘱我走路不要看手机,叮嘱我按时换药。

说不感动,那是骗人的。我曾担心长此以往,我的"光辉形象"不保,但事实是,这样做了以后,我不仅没有被学生轻视和慢怠,反而赢得了更多的理解和尊重。我发现,他们也会在课后和我分享他们的糗事,并让我给他们保密。当然我的守口如瓶换回了更多的信任。亦师亦友,其实也没有那么难。

三、活动提价值

活动育德、生活育人,活动让师生亲近变得更容易。教育成人比教育成才更为重要,这是不争的事实,所以,德育的重要性不言而喻。经常有人评价我是一个情商高的老师,与其说我情商高,还不如说我清楚地知道我所教育的对象的特点,以及清楚自己教育的目标。我所在的学校是一个乡村完全中学,教育资源的不均衡、生源的大量流失,让我校的教师变得异常清醒:我们教育的孩子可能上不了最好的大学,接受不了最好的教育,但我们必须培养他们良好的思想道德品质,教给他们更多的生存技能,让他们成为对社会有用的人。于是,活动育德、生活育人成为最佳教育手段,在教育过程中,师生亲近也变得更容易。平时,我会创设许多的活动,诸如篮球赛、生日会、艺术节等等,通过小组的形式让每个孩子都参与活动,让学生通过合作学会交际和尊重别人,学会遇到困难共同解决。我还会告诫他们要严于律己、宽以待人。不以成绩作为衡量他们的唯一标准,教会他们感恩,懂得尊重别人,还要有直面生活的勇气。

德国哲学家雅斯贝尔斯认为:教育就是一棵树摇动一棵树,一朵云推动一朵云,一个灵魂唤醒另一个灵魂。我愿意成为那棵树、那朵云、那个灵魂,在亲近中熟悉学生,在交流中走进学生,在教学相长中成就学生。

专家点评:

这里谈的其实是关于良好师生关系的构建问题。不少老师在这方面有着独特的经验,特别是一些老教师,他们用自己的爱温暖了一批批学生。

有哲学家认为:"语言是存在之家!"意思是说,一个人怎样理解世界,具有怎样的人格与情操,通过他的语言便能看出。所以,老师想要了解学生,首先要学会倾听。在实际工作中,我认为需要注意以下几点:

第一,要明白孩子虽然年龄小,还不成熟,但是他们始终是一个独立的人,有着自己的思想。

第二,要有足够的耐心,不要急于表态,一定要让学生将所要说的话讲完,要学会站在学生的立场去思考问题。

第三,要平等地对待每一个学生,与学生交流谈话应坦诚,要让学生感受到老师并非完人,老师也有普通人的烦恼,也会时常犯错。

如何召开第一次家长会

雷飞燕[1]

教育是学校、家庭、社会等多方共同协作的结果。就班级管理而言,班主任如果能用心、用情、用智,取得家长的支持和配合,将起到事半功倍的效果。班主任应该精心设计家长会的每一个细节,用真情感染家长,获得家长的认可,使他们支持学校的教育教学工作。对于一个新班主任来说,第一次家长会至关重要。

一、用心——充分准备,才能胸有成竹

新班主任一定想在第一次家长会上给家长留下好的印象,因为这关系到家长是否信任你,是否支持和配合你的工作。现在就来看看入职不久的胡璐老师是从哪四个方面去准备第一次家长会的吧。

第一,胡老师一开学就通过不同途径充分了解了每一个学生。这样,会后如果有家长想单独交流自己孩子的情况,胡老师都能有针对性地与之探讨。第二,家长会之前,胡老师便明确了第一次家长会的主题和要达成的目标。她的第一次家长会要达到两个目的:一是告知家长自己的工作设想和教育方法,取得家长的信任,争取家长的支持和配合;二是让家长与班级科任老师互相熟悉,达成家校共识,形成家校共育的格局。第三,精心筹备会场。从桌椅的摆放、资料的内容到欢迎词的书写等,胡老师都做了精心的准备,让家长感受到老师的尊重和重视。第四,胡老师还准备了一份详细的发言稿和精美的PPT演示稿,让家长感觉到老师的用心和认真负责。

第一次家长会,有的新班主任难免会感到紧张,但只要你从以上四个方面做好了充分的准备,第一次家长会就有了良好的开端。

二、用情——精心设计、内容丰富

第一次家长会,有的班主任想把自己优秀的方面都展示出来,于是滔滔不绝,想以此来赢得家长的认可。但是,家长会最忌老师"一言堂"。班主任要根据

---

[1] 雷飞燕,璧山区实验小学校课程部主任。重庆市骨干教师,重庆市学科名师。

家长会的主题和目标来精心准备内容,通过不同的形式让每位家长都积极参与进来。

班主任可以从以下几个方面设计家长会发言。

(一)介绍学校、教师团队

胡璐老师:"各位家长好!我是一年级六班的班主任胡璐,毕业于重庆师范大学教育管理专业。我爱好写作和体育运动,擅长演讲,喜欢和小朋友做朋友。我很幸运一毕业就分配到璧山实验小学,感谢大家把孩子送到璧山实验小学学习。璧山实验小学是一所百年老校,我们坚持'以最适合的教育给孩子最好的未来'的教育理念,以'青雅'文化为主题。大家都知道璧山实验小学是璧山小学中的领航学校,我校有教师200余人,其中特级教师1名、市级骨干11名、区级骨干16名、学科带头人6名、高级教师52名……任教我们班的老师分别是……"

胡璐老师首先向家长做了一个全面的自我介绍,包括姓名、毕业学校、学习工作经历以及个人爱好等;接着介绍了学校和教师团队,让家长对学校的历史、办学理念和社会影响等有了初步的了解;最后重点介绍了教师队伍的整体素质,自然而然地引出对班级主要科任教师的介绍。班主任的介绍,既能赢得家长对学校和班级工作的理解与支持,还能让家长对学校、班级的科任教师产生信任,并对孩子在这个班级的成长充满信心,有助于老师和家长结成盟友,形成家校共育的良好格局。

(二)明确班级管理、发展规划

胡璐老师:"我很幸运能和我们班的孩子一起共度6年。老师和家长的共同目标就是要'以最适合的教育给孩子最好的未来',我们要以评价激励每一个孩子成长为最好的自己。我们班的班名是'青苗中队',班规、班训、班级文化的建设等需要家长朋友们一起出谋划策,班级管理也需要老师、家长和孩子群策群力。现在我把我的想法给各位家长分享一下……"

第一次家长会,班主任要向家长介绍班级各方面的情况和自己的教育理念。班主任对本班学生的全面发展有什么想法,准备从哪些方面来建设班集体,在班级建设过程中可能会遇到什么困难、将采取哪些具体措施、还需要家长的哪些配合等等,这些都要跟家长讲清楚。明确了目标,家长就能了解班主任要做什么,就会去思考自己应该如何配合老师做工作。在第一次家长会上,如果时间允许,班主任要留出时间听取家长的声音,听听家长的要求和愿望,要尽最大的努力把家长的力量凝聚起来,赢得家长的配合,以便今后工作的顺利开展。

(三)培养孩子良好的习惯

胡璐老师:"祝贺您的孩子成为实验小学一年级的学生,这意味着孩子将在我校开启长达6年的学习生涯。孩子能否在今后的学习生活中顺利、健康、快乐地成长,很大程度上取决于小时候良好习惯的养成。家长们可以从生活和学习两个方面来培养孩子的良好习惯。1.生活习惯的培养。家长要教会孩子一些必需的生活技能,培养孩子的独立意识。比如,自己整理房间和书包等;注意清洁卫生,经常修剪指甲,勤洗澡洗头;不把玩具、零食、贵重物品或危险物品带到学校。2.学习习惯的培养。学生每天都有一定的学习任务,那就要有良好的学习习惯,包括按时睡觉、按时起床、按时到校、先完成作业再玩耍等。

孩子有了良好的行为习惯才能有更好的学习习惯。孩子的教育,需要家校合力,才会有事半功倍的效果。因此,就培养学生的良好习惯这一问题,班主任在家长会上与家长达成共识是十分必要的。

(四)介绍班级具体事项

胡璐老师:"各位家长,班级的相关事宜,如学生日常学习生活注意事项,班级奖励评比办法,学生、家长及科任教师联系方式,班级课程表等,我都制作成资料打印出来放在了每位家长的座位上,请家长们保存好,以备随时查看。"

胡璐老师将需要告知的事项以文档形式打印好后发放给每一位家长,这样既节约了开会的时间,也方便家长留存,还可以将会议精神进行适当延伸。

三、用智——凝心聚力,收获信任

胡璐老师:"家长朋友们,刚才说了那么多,那作为父母的您,应该给老师和孩子怎样的支持呢?我希望您在平时的生活里,小心呵护孩子的好奇心;跟孩子对话时,多问几个'为什么',也许就会得到与您预想中完全不同的答案;如果可以的话,建议您亲自陪孩子去看看这个世界。您还可以教孩子如何尊重老师,参与到孩子的学习生活中来。我期待您做孩子的老师,而不是保姆;期待您信任我们,相信我们会公平公正地处理问题;期待和您一起以身示范,做孩子的榜样。"

第一次家长会上,针对家长最关心的问题、容易产生误解和矛盾的地方,班主任都要提前做好解释说明工作。防患于未然,是至关重要的。这样,每一位家长才能积极参与到班级管理和班级建设中来。

学校教育离不开家庭教育的配合,对于一个班主任来说,第一次家长会只能成功不能失败。班主任要用心、用情、用智去对待每一位家长,让家长感受到老师的尊重和用心,对孩子的爱心、真心和关心,让家长可以放心地把孩子托付给老师。

专家点评：

家长会历来受学校重视，它对于促进学校和班级工作的开展有着重要的作用。文章介绍的这些步骤和方法具有较强的操作性，运用得当，便能够很好地为班级管理服务。

根据多年的教育教学经验和当前社会发展对教育提出的新的要求和挑战，我认为，要开好家长会，还应该注意如下几点。

第一，班主任应该转变观念。具体地讲，就是要转变让家长配合学校教育与管理的观念，明确家长和老师都是学生教育的主体，只不过教育的场所不同罢了。班主任应该明白，家校的配合是相互的，老师不能高高在上，甚至把家长也当成了自己管理与教育的对象。

第二，要明确家长会的定位。家长会应该是有关学生成长与发展的讨论会，不要把家长会当成了学生成绩的发布会，要充分听取家长的意见，调动家长的教育积极性。

第三，采用灵活多样的家长会形式。利用大数据平台优势，将集中的线下开会变成线上线下相结合、集中与分散相结合的形式，探索新时期家长会的创新模式。

如何召开考试之后的家长会

仇礼鹏[1]

"什么？成绩出来一周之内就要开家长会？"办公室的新晋班主任刘老师抱怨道："既要找学生分析总成绩，又要分析自己任教班级的学生成绩！我真是分身乏术啊！"刘老师的"哀嚎"在办公室的上空回荡。这位刚入职的、充满热情的95后班主任，在拿到新鲜出炉的班级成绩时，激动而又茫然。她灵机一动，自言自语道："今天已经周三了，周五就要开家长会，明天还有连堂课，没时间准备了，我就看看网上的PPT模板，先把这次家长会应付过去吧！"随后就开始了她的准备工作。事后，小刘老师告诉我们，家长会的那一个半小时是她此生最尴尬、最难熬的一个半小时。

那么，新晋班主任怎样才能开好考试后的第一次家长会呢？我想，不妨试试以下小妙招：

一、发现班级的美，稳抓家长的心

班级是一个大家庭，有班主任、科任老师、学生等，甚至可以包括为班级服务的陌生人、突然造访的其余老师。作为班主任，要能够发现班级生活中任何一个主体的闪光点。为了让家长会开得更走心，班主任可以从以下两方面入手：

（一）记录班级生活的点滴，做成班级成长纪念册

学生每天大部分时间都在教室，在班集体中生活、成长，集体生活可以培养学生的品质，充分发挥学生的个性。班主任要抓住时机，记录下学生参加班级活动的剪影、为班级的付出、在学校大型活动中的精彩表现等。注意，要记录下绝大多数孩子的成长变化，千万不能只记录做得好的或者成绩优秀的学生。因此，这也需要班主任具备发现美的慧眼。例如，以前我班一个腼腆的孩子小肖，成绩稍微靠后，但做卫生的时候特别认真，洗垃圾桶洗得特别干净，因此我为他拍下照片并在晨会上表扬了他。后半学期，尽管孩子在学习上进步缓慢，但是明显感觉阳光多了。班

---

[1] 仇礼鹏，重庆市璧山区璧山中学教师。在璧山区班主任基本功大赛"我的班主任观"中荣获一等奖，曾获璧山区道德与法治优质课大赛一等奖；论文多次获得市级、国家级一等奖。

主任记录下孩子的成长变化,并将其做成一个电子相册,在家长会上播放,会温暖家长会上每个家长的心。

(二)邀请科任老师助阵,给家长"吃"颗定心丸

班级生活的引导者除了班主任,还有科任老师。家校之间互相信任,通力合作是家校共育的最佳状态,因此,班主任应该抓住开家长会的机会,让科任老师与家长进行沟通交流,如果能够到场当面交流最好。这就需要班主任老师在短短的一分钟内,准确地介绍出科任老师的闪光点,因此,班主任需要提前对科任老师的专业素养、教学风格、工作态度、人格魅力等方方面面进行了解。当然,最重要的是传递给家长一个观念——班上每一位老师的专业素养都很高,教学能力都很强,都深受学生喜爱,请家长放心地将孩子交给学校、交给老师。如此,家长们对于老师、学校的认同感就会逐渐加深。

二、再现成长点滴,发挥学生的主观能动性

半学期的学习,学生在知识和能力上都有所进步,因此开家长会的时候一定不要忘了学生这一主角。班主任可以结合班级和学校特色,协助学生开展具有代表意义的活动。在班级小组合作非常规范的前提下,可以进行小组展示,展示各个小组的风采以及日常点滴。例如,可以适当融入才艺展示,编排情景剧展示班级特色,等等。此外,还可以对本次考试有进步、名列前茅的学生进行表彰。表彰的时候一定注意,不能只看优生,更要充分肯定进步的学生,因此建议进步奖和优秀奖同等分量、同等待遇!由此营造一个尊重知识、积极进取的班级氛围。

根据不同的年级情况,班主任还可以对家长会上的学生才艺展示进行适当调整。例如初中一年级时可以由教师带领学生进行才艺展示;初中二年级时,可以由学生自主策划、主持等,充分发挥学生的主观能动性,既让学生得到能力的提升,又让家长看到自己孩子的变化;到了初中三年级,临近毕业,班主任老师可以协助学生组织一场班级的中考启动仪式、班级颁奖盛典等等,充分肯定学生为班级做出的贡献,鼓励他们为梦想不懈奋斗。我认为,对于学生人格、能力的肯定比对学生成绩的肯定更重要。因此班级盛典也好,颁奖活动也罢,都要辐射到全班,让每个学生都能够做班级的主人,在班级中成长。

三、共同交流探讨,共寻教育大智慧

家长的素养和对教育的态度差异较大。因此,在家长会上,班主任要给家长们输入一个观念、定下一个目标。作为一位经验型班主任,我建议新晋班主任们传递给家长们这样一个观念——对孩子的教育,是我们最大最有价值的投资!用一句

俗话来说，就是前人强不如后人强！定下这样一个目标，即做一位和孩子共同成长的家长！《人民日报》曾经发表过一篇名为《教育改革要从家庭教育开始》的文章。这篇文章非常明确地将家庭教育中的父母分为"五个层次"：第一层次，舍得给孩子花钱；第二层次，舍得为孩子花时间；第三层次，家长开始思考教育的目标问题；第四层次，家长为了教育孩子而提升和完善自己；第五层次，父母尽己所能支持鼓励孩子成为最好的自己，并以身作则。既然要和孩子一起成长，我鼓励家长们做"关爱型、沟通型、合作型、鼓励型、行动型"的五"型"家长。

如果小刘老师在开学前就开始着手准备家长会，在家长会前一两天抽时间捋一捋思路，我想，她应该能借助这次家长会，向家长输出自己的教育理念，引导家长思考自己的教育行为，让家长看到孩子在班级成长中的点滴变化；我想，她一定能稳稳地抓住家长的心，让此次家长会成为家校合力的一个起点。

当然，教育是慢的艺术，也许一次家长会并不一定能解决孩子的某些具体问题，但是一次家长会却可以让师生之间、家校之间、生生之间的心靠得更近。有了相互的理解与支持，那么还有什么问题不能解决呢？让我们一起努力，做一名成长型班主任，与学生一起不负韶华、共同成长！

专家点评：

家长会是由学校或教师发起的、面向学生家长的家校交流、互动活动。家长会是家校联系的重要平台，也往往是刚入职的教师与家长初次交流的平台。家长会为家长和老师提供了面对面交流的机会，家长会开得好，会极大地促进新教师与家长之间的相互了解，从而给双方留下良好的第一印象，有利于家校共育工作的开展。仇礼鹏老师给刚入职的新教师介绍了播放学生电子相册、邀请科任老师、在班内推行丰富的活动、与家长探寻教育的真谛等多种可借鉴的家长会实用妙招。当然，刚入职的班主任也可以简单地记"四平"：(1)准备在平时。将家长会的准备工作放到平时，时时处处记录学生的成长点滴，发现他们的进步，记录他们的生活；(2)态度要平等。要关注班级里的每一个孩子并向家长反馈孩子的学校生活。这种反馈既可以是电子照片和视频，也可以是班级小组的现场展示；(3)心态要平常。不要指望每次家长会都能给家长留下良好的印象，不能指望每个家长的教育理念和教育水平都能通过家长会得到提升，不可指望家长会后家长就能积极配合老师的工作；(4)班科要平衡。家长会不仅是班主任与家长的沟通交流，班主任要有效利用科任教师的资源，使得家长能够更全面地了解孩子在学校的学习、生活状态。

如何策划令人期待的家访

张玉华[1]

总有一种孩子,在学校什么都好,回到家什么都不好。有些孩子在老师眼里能干、懂事、乖巧,在家长眼里却变得愚笨、粗心、任性;有的孩子课堂作业做得认认真真,家庭作业却做得马马虎虎、漏洞百出,甚至不交作业。我们班上就有几位这样的同学,在学校和家里表现出的巨大反差,让我忍不住思索背后更深层次的原因。

一天早上,我把三个同学叫到办公室,询问他们为什么没有做作业。一个同学一如既往不说话,耷拉着眼皮,低着脑袋。看着他脏脏的小脸、单薄的衣服,我能想象他的家里面有多乱。一个孩子却口若悬河,找各种理由解释他为什么没有带作业。在大人的眼里,这些借口实在太过稚嫩,但是他硬着头皮编出了很多理由。我转换话题问道:"爸妈谁给你听写的?"他眼眶一下子就红了:"爸爸妈妈这段时间根本没有陪我,我住在奶奶家,而奶奶根本看不懂手机,所以没人给我听写。"说完就呜呜地哭起来。还有一个乖巧的女生,平时都是按时完成作业的,这段时间却特别马虎。原来这段时间她的父母在闹矛盾,每次回家她都能听到他们两个在吵架……

每当我遇到这样的孩子,我都会思考:他们的家庭到底出了什么问题?我能为他们做些什么?怎样来解决他们的问题?QQ留言?发微信语音?电话询问?如果都没有达到理想的沟通效果,我们就需要面对面地沟通。

家访,只是为了告状吗?

不可否认,传统家访通常都是有问题才进行的,老师"耳提面命",家长心惊胆战,孩子谈"访"色变。家长不高兴,孩子不开心,治标不治本,事倍功半,收效甚微。为了化解这种尴尬局面,让大家既乐于接受家访,又能有效解决问题,尽量破除这种"发现问题—批评—通知—再批评"的窘境,我在思考中实践,在实践中创新。

---

[1] 张玉华,重庆市璧山区金剑小学教师,曾佑惠德育工作室成员。多次获得区级演讲、朗诵、主持、道德与法治赛课一、二等奖,市级少先队辅导员技能大赛二等奖,市级道德与法治教学设计二等奖。

一、创新形式

(一)邀请式

学生主动要求,老师才去家访。通常情况下,当孩子们表现优异,如获得奖励荣誉,或者家里面有什么好玩有趣的事想要跟老师分享时,就会主动邀请我去"做客"。这时孩子们很兴奋,有的孩子说要给我准备他最喜欢的饼干;有的孩子主动和我分享他最近看的书;有的还牵着我去参观他的"荣誉墙"。有的家长还反馈,孩子还会提前把屋子打扫得干干净净迎接我的到来。可见,家长和孩子都非常期待老师的到来,家访变成了做客,颇受大家欢迎。

(二)幸运抽奖式

以孩子所住的小区为单位,随机抽取。让孩子们先了解有哪几个小区,一个小区有哪些小伙伴,班上有几个孩子就在抽奖箱里放多少个小区的名字。抽奖的环节并不复杂,但充满未知的结果却总是让人激动不已。有些孩子会情不自禁喊着自己小区的名字,同一个小区的孩子会在这样的氛围中获得一种集体感。而那些不那么积极的孩子在这样的氛围感染下也会开始认为:家访,似乎是一个人人争抢的香饽饽。

(三)表扬式

表现好的才家访。某些同学学习状态变好了,书写端正了,成绩进步了……就会在月底得到我亲手写的一封表扬信,得到"进步表扬信"的同学就有获得家访的机会。这种形式主要是针对本身成绩不太好、性格也相对内向的孩子。因为性格相对内向,这部分同学不会主动地邀请老师家访。若幸运抽奖也没抽到他,老师就可以用表扬信的形式去家访,既能够保护其自尊心又能兼顾全班。

二、创新内容

(一)主题性

针对不同情况的孩子做主题式询问。如果孩子性格比较开朗,我就多和他讨论他的特长,比如他参加了多少活动,获得了多少奖励;如果孩子性格相对内敛,我就多和他讨论思想品格,比如表扬他在家里如何听话,在班上如何遵守纪律;如果孩子人缘比较好,我就和他讨论他怎样跟同学相处,父母是如何培养教导他的……因材施教,因生设访。

(二)科学性

1. 问卷调查

每次我都会利用"问卷星"做一个普适性的访前调查,除了了解孩子的基本信息以外,还要了解一些不宜触碰的话题。比如,有些父母没有上班,就避免谈论工作的事情,只讨论父母如何培养孩子;有些家长是外地的,就要注意外地人的一些忌讳。在家访前做好功课,可以避免彼此尴聊。

2. "3+1"谈话模式

针对孩子较为突出的三个方面进行表扬,当着家长的面有理有据地夸奖。老师的夸奖分量十足,这会成为孩子一晚上好梦的源泉,会让整个家庭有一个快乐的氛围。但是,只说好话是不够客观的,任何孩子都有不足,针对不足,老师需要单独跟家长沟通,了解原因和孩子的真实想法。

3. 一张合影

家访拍照,是必要的资料储存,是孩子最喜欢的自拍游戏,是家访完美结束的标志。孩子们会主动邀请我拍照,并设计各种姿势和动作。一张家访照,更像是一张全家福,记录下了孩子、家长、老师最亲近的瞬间。

(三)人文性

有时候我们会把家访变成一场"坝坝会"。特别是"抽奖式"家访,同小区的几个家庭聚在一起,大家就像在茶话会上一样边吃边聊,氛围非常轻松。大家聊家常,谈孩子,谈工作,也谈生活,甚至对学校的一些意见和建议,都在这样轻松愉快的氛围下,自然而然地说出来。氛围好了,话匣子也就打开了,有些芥蒂也就随之消除了。这种新型家访模式,一改传统家访的紧张氛围,促进了情感的交流,还节省了老师和家长大量的时间,提高了家访的效率,使学生得益,家长得法,老师得效。孩子们开始期待老师家访,家长们开始欢迎老师家访。

通过家访,了解孩子在家庭生活当中的林林总总,找到他进步的原因,同时也找到他问题的所在。通常,优秀的孩子背后必定有一个更加优秀的父母,而问题孩子背后总有不同的需要老师去倾听与关注的问题。

老师从成功的家庭教育中吸取力量,学习别人的育儿经验,并将其运用到班级管理,甚至学校管理上去。对于问题家庭,却需要老师通过一整套的帮扶措施,有的放矢,对症下药。

从良好的家校关系中找到帮助孩子成长的密码,从轻松的家校氛围中给孩子营造宽松欢乐的成长环境。老师与家长在科学、合理、轻松的家访中,不仅在教育上达成了一致,还拉近了彼此间的距离,形成家校合力,增强了整个班的凝聚力。

专家点评:

传统家访,多是教师发现学生的问题,然后主动到学生家中开展互动谈话,谈话的内容多为负面的批评与说教。张玉华老师通过对家访形式与内容的创新,让学生和家长对家访不再恐惧与焦虑,而是充满期待。

张老师考虑到了不同孩子的性格特征与气质特点,以此为着眼点设计了多种家访形式。新型家访兼顾了全班同学,又考虑到了每个孩子的独特性,体现了因材施教的教育原则;新型家访不是以"问题—批评"为中心,而是以"鼓励—分享"为中心,具有非强制性以及浓重的趣味性特点;新型家访创设了积极轻松的心理氛围,让家长和学生愿意沟通,大大提高了孩子和家长参与的积极性。可以说,张老师对家访形式和内容的创新,给新入职的教师提供了一套相对完善的家访模板。

如何应对家长的投诉

张玉华

接手新班不到一个月,家长就联名要求换掉一位学科老师。作为新手班主任,我该怎么办?是闭眼不管,还是如实转告该老师?抑或将情况汇报给学校?资历丰富的老教师指点我:每一样都要做,每一样又都不能做。至于其中的分寸拿捏,你得自己去把握。

我镇定下来,首先通过有威望并信任我的家长稳住家长群,然后核实具体情况并想办法解决。

一、投诉教师,到底为哪般

我全面了解了事情的起因经过,以及问题背后的根源:这位科任教师,教育理念陈旧,口无遮拦,教学方式简单,上学期家长就因不满而提出替换,学校没有采纳,于是本学期继续申请。这个"烫手的山芋",我该如何处理呢?

我想起一位老教师的话:最让学校放心的老师,其实是能够把问题解决于萌芽之中,不让学校处于被动地位的老师。我思索良久,决定私下请教德育主任这种情况学校会怎么处理。德育主任的回答跟我猜想的差不多——这种程度也不至于更换老师,但需要给该老师提出相应的警告和意见,让其转变教学方式,对学生要亲切、要关爱。

二、持续跟踪,做好"润滑剂"

要治标,更要治本!事件发生后的一个月里,科任老师上课前,我几乎每天都会在班上强调纪律,并且随堂观察师生的表现,了解孩子和老师的互动情况。针对班级学生身体素质较差的现实,我倡导孩子们每天回家跳绳,我每天陪着孩子们在操场跑步。这样既有利于提高学生的身体素质,也能方便我悄无声息地关注学科课堂。

碰到这位老师时,我会主动交流班里每天的体育锻炼内容,顺便询问孩子们的体育成绩有没有得到改善、最近的课堂纪律如何。在教师节那天,我也会让孩子们向所有科任老师的辛勤付出表示感谢,表达对老师的尊重和喜欢,以此改善师生之间的关系。

我用手机拍摄孩子们在各个学科课堂上的表现并发到班级群里,让家长们看看孩子们的上课状态。健康活泼的课堂氛围让家长们纷纷点赞。

两个星期之后,这位老师告诉我:在他任教的三个班级中,我们班从上学期纪律最差的班级变为纪律最好的班级。我从孩子们课后的表情和与他们的交流中,明显感觉到老师跟学生的关系融洽多了,孩子们脸上绽放出的微笑是发自内心的,家长也没有再提换老师的事情。

班主任的工作是繁杂的。他会接触到各种各样的人,处在各种各样的关系当中。家长是我们的盟友,科任老师是我们的合作伙伴。如果班级是一台运转的机器,那班主任就要做一滴"润滑剂",来缓解每一个部件的摩擦和矛盾。

三、转"危"为"机",建立成长共同体

《班主任应急手册》一书告诉我们,在遇到此类问题时,第一时间是安抚家长,要以同理心包容家长冲动的表现和负面的态度;其次采用缓兵之计,让家长在冷静之后,暂缓极端做法;然后,委婉地告知当事老师,要特别注意措辞——一定要以协调者或同事、朋友的姿态来交谈,不要给对方有任何的压力和不适。将科任老师与学生的关系、学生与家长的关系、家长与科任老师之间的关系润滑融通,让整个班级团结一心,让家长、教师、学生成为一个成长共同体。在以上事件的处理中,我既没有隐瞒不报,也没有伤害科任老师的自尊,更是从根本上解决了师生的矛盾、科任老师和家长的矛盾。同时,也让科任老师更新了教育观念,转变了教学方式:心中有了人,眼里有了光,手中也有了术。

没事不找事,有事不怕事,做到大事化小,小事化了,让科任老师和家长都满意,这样的班主任才能润物无声,才能管理好班级。

专家点评:

班主任在工作过程中会遇到许多问题,而家长投诉是新班主任入职后所要面临的难题之一。正如张玉华老师所说,班主任在遇到此类问题后,需要做好各方面的协调工作。首先,处理情绪问题。当家长、科任教师、学生处于愤怒、悲伤等负面情绪中时,就会缺乏理性的思考,也无法做到理性的沟通,因此,班主任首先要用共情、安慰、倾听等沟通技术让事件相关者的负面情绪得到缓和。其次,必须明确问题性质,通过实地调查、多角度倾听等方式从多个方面还原事件真相,弄清楚有哪些矛盾,它们之间又有着什么样的联系,从而找出主要矛盾。再次,善于利用问题,

使之成为班级所有学生成长的契机。张老师抓住师生矛盾和家长投诉的契机，促进了整个班级课堂纪律的改进和师生关系的改善。最后，及时给予家长反馈。让家长看到班主任老师的努力，看到问题的有效解决，看到班级中的积极面，家长就会认同班主任的工作并给予班主任更好的配合。

第二篇　教学准备与教学体验

教师之教,不在全盘授予,而在相机诱导。

——叶圣陶

如何编写学期课程纲要

黄仕泽[1]

中小学教师必须能够高质量地编制所任学科的课程纲要,这是一个学科教师必须具备的教学基本功。实践与理论都表明,撰写教案、教学进度表、课程纲要,是提高教师课程能力的重要途径。一份编制质量高并被有效使用的学科课程纲要,能够规范教师的教,指导学生的学,并有助于师生关系的和谐,因而是规范教学行为、减轻不必要的学习负担、提高教与学质量的重要保证。

一、课程纲要及其意义

(一)什么是课程纲要

1. 什么是课程?

课程是指学校学生所应学习的学科总和及其进程与安排。广义的课程是指学校为实现培养目标而选择的教育内容及其进程的总和,它包括学校教师所教授的各门学科和有目的、有计划的教育活动。狭义的课程是指某一门学科。简单来说,课程是一种有计划的活动。

课程内容历来被当作需要学生学习的知识,教学重点也放在向学生传递课程知识这一基点上,而知识的传递是以教材为依据的。所以,课程内容被理所当然地认为是上课所用的教材。

2. 什么是课程纲要?

课程纲要是指以纲要的形式呈现某门课程的各种课程元素。广义上,大到国家课程方案,小到教师写的教案或活动计划,都是课程纲要。狭义上,课程纲要是指包含各种课程元素的某门课程的大纲或计划书。

所谓学科课程纲要,就是指学科教师依据学科课程标准和学科学材(教材)编制的某学期某门课程的、体现课程元素、指导学生"学"与教师"教"的计划纲要。

---

[1] 黄仕泽,北京市朝阳区和平街第一中学教科研室主任,北京市特级教师,全国优秀语文教师,《中国教师报》"教育家成长工程"特聘专家。

每位教师在新学期开学前一周都必须上交一份任教学科课程纲要,给教研组进行交流、分享与评议。在新学期第一次上课时,与学生分享课程纲要,让学生知道新学期该学科的教学计划。

(二)课程纲要的意义

教师撰写课程纲要,必须考虑课程目标、相应课时、学生知识背景、课程组织、实施条件、学生评价,以及各方面的协调等情况。因此,课程纲要的撰写对教师、学生以及学校而言都具有重要意义。

(1)有利于教师系统思考。即从"一节课"走向"一门课程",审视目标、内容、实施与评价之间的一致性,形成课程意识。编制学科课程纲要,是学科教师专业化成长的必经之路。教师编制学科课程纲要的过程,实际上就是对本学期学科教学进行整体规划设计的过程。因此,教师必须厘清本学期的课程在本学科课程中的地位与价值,明确逻辑关系,从而从整体上把握课程实施的目标与内容。

(2)有利于教师审视课程实施的所有条件,整体盘点开设该门课程的资源与条件。教师编制学科课程纲要的过程,也是审视教学所需要的各种条件的过程。教师个人编制学科课程纲要,只是教师个体对教学条件的审视,教研组对学科课程纲要的集体审议,则是对学科课程纲要实施的可行性、合理性的集体评估。这是国家课程校本化不可或缺的过程。

(3)有利于学生明确所学课程的总体目标与内容框架。学科课程纲要不仅是教师的教学设计方案,同样也是指导学生学习的蓝本。它有利于学生明确本学期所学课程的总体目标与教学安排,从而明确自己的学习任务,把握学习内容的逻辑框架,进而规划自己的学习进程。这是国家课程生本化的必然要求。

(4)有利于学校将国家课程校本化,开展课程审议与质量管理。

二、如何撰写课程纲要

(一)课程纲要的构成要素

课程纲要必须包括一定的要素:
(1)一般项目:学校名称、科目名称、课程类型、设计教师、日期、适用年级、课时。
(2)课程元素:课程目标、课程内容、课程实施、课程评价。
(3)所需条件:保证顺利实施该课程所需要的条件。

(二)撰写课程纲要的关键

撰写课程纲要的关键是处理好课程的四个元素:

(1)课程目标:依据对学生的研究、对课程标准学段目标的分解,以及对教材和其他教学资源的分析与把握而设定。要求:全面、适当、清晰;4—6个目标,每个目标1—3句;兼顾三维目标与核心素养;指向关键结果的表现;叙写规范。

(2)课程内容:基于目标、学情、条件处理教材,依据学习目标对教材内容及相关资源进行整合,有逻辑地选择与组织相关的知识或活动。要求:总体把握教材内容及其重点、难点;明确所需的相关学习资源是否具备;处理好均衡与连续的关系;课时安排合理。

(3)课程实施:明确表述学习活动的组织与安排,一般包括学习方法、组织形式、课时安排(具体时间)、场地、设备、班级规模等。要求:方法与目标匹配;围绕学生的学习表现;创造丰富的、积极的情景;提供多样化的支持;等等。至于实施建议,一般可从学习重点、学生的学习难点和薄弱点、教学资源的利用、学生学习活动的大致安排(可以分单元安排)等方面考虑。

(4)课程评价:主要是对学生学业成就的评定,涉及评定方式(定性、定量)、成绩来源(过程、结果)、记分方式和学分给定等。要求:设计基于目标的作业;评价结果的解释与目标相匹配;相关措施清晰且可行等。

课程评价应当既包括学的评价,也包括教的评价,教师要确定评价的内容与评价方式或手段。评价方式包括终结性评价和过程性评价,终结性评价要确定笔试次数、内容和评价等级;过程性评价则要力求体现评价主体的多元,确定好考查的内容、方式及一些评价标准,特别是对那些不便于开展笔试的科目要有整体思考。

(三)课程纲要的书写格式

课程纲要的书写一般有两种格式:一种是按"课程目标—课程内容—课程实施—课程评价"的顺序来呈现各个课程元素,一些没有课程标准做依据的课程设计经常采用这一种方式,如撰写某些校本课程的课程纲要等;另一种是按"课程目标—评价任务—学习活动"的顺序来呈现,即基于课程标准而进行设计。

三、撰写课程纲要应注意的问题

(一)明确课程纲要的阅读对象

课程纲要首先是给学生看的,让学生明白学期的学习目标、主要内容、教学方法、可用的学习方式、评价内容与方式等;其次是给同年级老师看的,以便同年级科任老师明确教学目标、教学内容安排、教学中的注意事项、怎么评价学生等;再次是给学校教学管理部门看的,告之学期的教学安排、需要学校提供的帮助等。所以纲要的内容应充分考虑三方阅读者的需求,要让他们看得清楚、看得明白。

(二)以课程视角思考问题

课程纲要不同于以前的学科教学计划,它更多的是从课程的角度来思考问题,即要充分体现课程的目标、内容、实施与评价四大元素。这不是简单地凭借之前的教学经验就能解决的,更多的是需要教师对课程标准、社会需求、学科专家建议、学生情况几个方面进行综合考量。

(三)课程四大元素保持一致

编写课程纲要最难的是四大要素要保持一致性。首先,需要考虑课程标准及课程内容,结合学生情况决定课程目标。其次,考虑内容与实施。如果我们的目标是基于课程标准与课程内容而设定的,这几方面保持一致显然是可以做到的。而最难的其实还是评价,评价应基于目标、内容与实施三方面进行考虑。

(四)具备四项基本教学素养

要编制高质量的学科课程纲要,教师必须具备四项基本的教学素养。一是必须回答好三个问题:要把学生带到哪里去?怎样把学生带到那里?如何确信自己已经把学生带到了那里?二是必须具备三种基本教学能力,即设计教学的能力、实施教学的能力与评价教学的能力(回答不好上面三个问题、不具备这三种基本教学能力的教师,一定不是一位合格的教师);三是必须把握三个前提,即把握学科思想、掌握学科知识体系与明确学科课程目标(把握不好这三个前提,学科课程纲要的编制就无从谈起);四是必须做到三个"读懂",即读懂课标和学材(教材)、读懂学生、读懂课堂,这是编制学科课程纲要的基础。

(五)充分发挥学生的主体作用

编制和完善学科课程纲要,要充分发挥学生的主体作用。课程纲要是分发给学生的,应该以学生学习为中心来进行设计编制,最好使用第二人称,让学生深切感受到自己就是学习责任的承担者。每个学期结束后,教师都要在总结教学经验的基础上对课程纲要进行修订和完善。

专家点评:

编写高质量的课程纲要,要求教师对课程教学进行系统思考和设计,认真审视目标、内容、实施与评价之间的内在一致性,盘点开设这门课程的条件,优化整合课程教学资源。学生借助课程纲要,可以了解该课程的全貌和相关的课程评价标准,进行更有方向感和更有效率的学习。黄老师针对课程纲要编写提出了五个方面的要求,对于新教师具有重要的指导意义。

编写课程纲要,对于新入职教师的挑战性不言而喻。而系统思考的习惯,保持目标、内容、实施、评价一致性的课程意识,以及深植于心的学生立场,却是促进新教师专业成长的重要因素。再难,新教师也要写;努力地多写几次,就可以加深理解。

另外,以下四个方面,也应该成为教师每天课后反思的基本维度:如何明确目标;如何选择内容;如何有序实施;如何进行恰当的评价。

详细内容扫描二维码下载

如何把握备课的关键要素

王薇

备课是一个复杂而具体的过程,它是教学的基石和保证。备课不等于"写教案",备课是教师授课之前梳理教学思路、选择教学策略、整合教学资源的过程。没有备课时的周密预设,就不会有上课时精彩的生成。

新教师走上讲台容易出现三个问题:一是"依葫芦画瓢",把教案生硬地记下来,忽略课堂上学生的动态生成情况;二是"一灌到底",总认为自己讲得多,学生才能学得多;三是"杂乱无章",在教学过程中,不停地展示、讨论、练习,详略不当,"杂乱无章"。因此,教学前的备课就显得至关重要。

一、备教材

在备教材之前,首先要研读课程标准。然后吃透教材,明确本册教材在全部教材中的地位、作用等。最后确定本节课的教学任务和目标、教学重难点,落实知识点和技能,精选典型题目作为作业,并对教学内容进行延伸和拓展。

下面以人教版高一物理第一册教材为例,具体步骤如下:

(一)浏览全套教材

了解整体概貌,把握结构体系。

(二)通读第一册教材

把握教材编写者的意图,为后续制订教学计划和研读具体章节做好准备。必修1是高中学生必修的内容之一,是高中物理的开端和基础。它的主要内容是运动、相互作用力以及动力学知识。

(三)细读第一册教材的第一单元

明确知识点之间的内在联系,第一单元是"运动的描述",重点讲述机械运动的各个物理量以及研究物理问题的科学思维方法。

(四)精读第一册教材第一单元的第一节

第一节是"质点 参考系和坐标系",通过深钻细研,逐字逐句推敲教材上的每一段话、每一个演示实验、每一个思考与讨论、每一道例题。该节课的重点是建立质点的抽象思维方法,突破的难点是物体作为质点的条件。

(五)精心处理运用教材

通过反复推敲,整理出结构脉络,对教材进行合理的编排,形成一条清晰的授课主线。

需要解决的具体问题是:前驱知识如何巩固?新学知识如何引入?如何安排教学程序,即先学什么,后学什么?如何分配教学时间,即详讲什么,略讲什么?如何突破教学重难点?如何调动学生的学习积极性?例题和习题如何搭配使用?怎样使物理学科的育人目标得到落实?

(六)搜集有关参考资源

针对第一章,新教师可以让学生拓展阅读,如运动学和经典时空观、矢量方法描述物体运动,同时紧密联系科技和生活,如了解全球卫星导航系统北斗、GPS等。

二、备学生

学生不是一张白纸,教师在上课前,必须充分了解他们的智力水平、知识起点、思维能力、学习习惯、年龄特点等。只有当教师全面、深入调研学生,找准教学的起点,有的放矢地设计教学过程,科学采用教学方法和手段,才能有效地完成既定的教学任务,让学生学有所思、学有所得。同时,教师备课时还应关注个别学生的差异化情况。

在了解学情时,教师可以通过课堂提问、作业批改、个别谈话、考试情况等来搜集信息,然后对信息进行归类分析。

三、备教法

教学有法,教无定法,课堂是一个动态的过程,充满着许多不可控的因素。教师只有熟悉各种教学方法,做到心中有数,才能在面对突发情况时镇定自如地化解教学危机,让危机变为教学的契机。在备教法时我们应注意以下几点:

(一)明确各种教法的特点和最佳运用情景

我们常用的教学方法有讲授法、讨论法、演示法、实验法、练习法、观察法等,现在受师生欢迎的教学方法还有问题探究法、任务驱动法、情境教学法"等。在完成不同的教学目标和任务时,教师可以结合不同教学方法的特点进行综合运用,比如,在传授知识、概念、公式、定律时,可以用讲授法;在解决疑难问题时,常用讨论法;在抽象问题形象化处理时,可以用演示法。

(二)以研究教材和了解学生为前提

教师要深入挖掘教材,找到知识起始点、能力训练点、德育培养点,明确教学任务,这样教法的选择才具有针对性。

(三)具有灵活性和可操作性

教师可以根据自身特点扬长避短,使教学方法和授课风格有机融合,在教学中实现"四两拨千斤"的效果。比如,有的老师讲课语速快,缺乏抑扬顿挫,他就利用自身的幽默感和做实验来带动学生,避免学生"昏昏欲睡",也能使课堂焕发出新的活力。另外,教法要切合实际,要有助于完成教学任务。

(四)努力探索并形成自身特色

一个经验、一种方法,教一辈子。这是一些教师教育生涯的真实写照。教育是一门科学,而科学的意义在于不断追求、探索。教师要通过长年累月的教学实践,归纳总结,磨砺、打造出自己的教学特色。

四、备教案

写教案是整个备课过程的梳理和整合环节。新教师应该依照教案编写的标准流程,依次呈现教材分析、学情分析、教学目标、重难点分析、教学方法、教学过程、板书设计、作业布置等版块。新教师在初次备课时最好落实到每句话,形成简练而准确的表达习惯;还应根据不断搜集到的信息,筛选补充教案内容。

教案不仅是上课前的计划准备,它作为教师教学思想的体现,也是教师重新认识自己、总结教学经验的第一手资料。

五、备反思

备课的最后一步是深刻反思,俗称第二次"备课",它有利于教师的快速成长与提高。在教学实践中,学生的精彩提问、巧解疑难、故意发难以及其他突发事件等都会对原来的教学计划提出新的挑战。教师在课后需要及时记录这些珍贵的教学片段和思维碰撞，然后对自己的教学行为、学生的学习表现、教学危机的处理等进行深思反省，形成一套能适应教学变化、驾驭课堂的"硬核"本领。

专家点评：

新教师走上讲台很容易"依葫芦画瓢""一灌到底""杂乱无章"。王薇老师给出了"五备"法，指导新教师关注备课的五要素。作为补充，我强调以下几方面关于备课的"五不要"。

一、不要全盘照搬。不管是优秀教案、优秀课件，还是优秀的教学模式、教学习惯等，只可借鉴，不可照搬。要习惯用自己的方式上课，这样又自然，又有感染力。新教师应该在吸收借鉴、积累经验的过程中形成自己的教学风格。

二、不要面面俱到。新教师往往什么都想讲，想把自己知道的知识都传授给学生，但这样往往会导致泛泛而谈，重点不突出。讲课一定要重点突出，要集中优势兵力打歼灭战。

三、不要不顾学情。课堂的难度一定要切合学生的实际水平，要清楚一课堂的教学限度，包括课堂的容量、时间控制等。

四、不要琐碎设问。设问一定要有目的、有意义，一些没有意义的设问不能出现，一定要基于主要目标来设计2~3个"主问题"。

五、不要信马由缰。任何一个环节都一定要有目的，都要为教学目标服务，毫无意义的内容可以直接丢掉。

认真研究单元提示、课前提示与课后练习，教师会更清楚学生需要学什么、怎么学、学到什么程度以及如何教。

如何进行教学设计

王薇

要想使课堂教学效果达到最优化,教学设计必不可少。一个好的教学设计应以学生为主体,重视学生的原有经验和知识起点,注意培养学生解决问题的能力,创设师生互动、生生互助的合作探究情景,使学生获得积极的学习体验。

一般来说,教学设计往往具备以下内容:背景分析(课标分析、学情分析、教材分析),教学目标,教学重、难点,教学方法与手段,教学资源,课时安排,教学过程(设定活动模块、预设师生对话、落实知识技能),板书,教学反思与评价,等等。

新教师呈现的教学设计常会出现以下问题:

一、学情分析浮于表面

学情分析的主要内容有:学生所具备的知识和能力,学习难点和障碍,学生的个体差异。

一次听新教师的物理公开课——"力的分解",该节课要求学生能够熟练应用数学中的三角函数。初中只要求学生掌握 sin、cos、tan 函数的基本知识以及一些特殊角的三角函数值,而在高中则要求能熟练应用三角函数的边角关系并正确书写表达式,而此时高中数学还没有涉及这节内容。

在教学设计的学情分析中,该老师没有充分了解学生现状,当讲到斜面上重力的分解时,他接连提问了三个同学,却没有同学能准确回答,老师面红耳赤。我在他脸上读出了尴尬——未能深入调研学生。后来,我了解到这位老师已经在其他班级进行了试讲,效果不错,这才"放心大胆"邀请我们来听课。殊不知,班级不同,学情不同,教学方法也要改变。老师没有给学生在数学和物理之间搭好"脚手架",反而挫败了高一学生学习物理的信心,让物理学习变得更难了!

二、教学目标不够规范和明确

以某次校级赛课中老师呈现的教学设计:"运动快慢的描述——速度"为例:
教学目标:
1.让学生懂得速度的概念和矢量性。
2.使学生能明白速度和速率的区别。

(一)病因分析

1. 主体错误。教师习惯把教学内容作为教学目标,而不是关注学生或学生学习的结果。"让学生""使学生"反映出目标主体不是学生的学而是教师的教。

2. 动词不当。教师要尽量避免用"懂得""明白""体会"等含义不明确、不易把握的词,因为这样的词难以操作和测量。

3. 层次模糊。将"三维目标"混为一体,上述目标中只明确了知识与技能目标,未对其余两个目标进行分析。

(二)改编建议(以"三维目标"为例)

1. 知识与技能

(1)理解速度的概念,掌握比值定义法的物理含义。
(2)知道瞬时速度是表示物体在某一时刻或某一位置的速度,理解速度的矢量性。
(3)能在生活中区分平均速度、瞬时速度、速度、速率。

2. 过程与方法

(1)通过极限法,逐步建立起平均速度的概念;
(2)通过比值定义法去定义物理量。

3. 情感、态度与价值观

通过观察、探究、讨论、交流、分享,加深对速度的理解,提高探索科学的兴趣。

三、教学过程流于形式

案例1:学生学习新课——"内能",教师进行新课引入。

引入:我们知道物体运动时具有动能,被举高的物体具有重力势能,被拉伸或压缩的弹簧具有弹性势能。一个静止的篮球,是否也具有能呢?(引入内能概念)

建议一:自行车突然刹车时,动能变小,减少的动能去哪了?同学们仔细观察就会发现,刹车后自行车的钢圈变热,这种能量是我们以前学过的机械能,还是一种其他的能?(引入内能概念)

建议二:(视频播放或现场演示)装着开水的热水瓶,塞子被弹出去,弹出塞子的动能从哪里来?(引入内能概念)

原来的引入是从物理学科的角度出发,单一直接。第一种改进设计是从学生已有的经验出发,贴近生活,能为学生所接纳。相比较,第二种改进设计则在联系学生实际生活的基础上,通过视觉冲击,激发学生的好奇心,为接下来的新课内容作铺垫,更"引人入胜"。

案例2:课堂上,学生根据教师的指令进行操作,"热闹"地开展探究活动。

分析:看似"热闹"的小组合作探究,实际上是学生完全按照教师的指令进行的"死板"操作。这种方式培养的不是学生独立思考的能力,而是一种简单的实验操作技能,并没有达到高中物理学科核心素养的培养要求。

教学设计虽然有固定的流程模式,但教师还需要根据自身特点去精心打磨教学过程,不要盲目地去模仿名师和大家,从而失去了自己的个性和教学特色。

专家点评:

教学设计是教师教学工作中的一个重要环节。

一份教学设计,一般包含着教师对以下四个方面的问题的追问与回应。

第一,如何确立恰当的学习目标?通过教与学的活动,学生应掌握哪些知识或技能?形成怎样的态度和认知?如何用具体的、可观察、可测量的术语精确表述学习目标?

第二,如何设计教学活动,并逐步达成学习目标?如何确定学生的现有水平与学习目标之间的差距,并给学生提供学习支架?

第三,选用哪些方法以保证学生学习的热情与效果?(包括教与学的形式、媒体、活动等的选择与设计)

第四,如何判定学生达成了学习目标?如何设计课堂练习与课后作业?如何查漏补缺?

详细内容扫描二维码下载

如何轻松备好第一单元的课

王薇

备课是连续性、综合性的教学整合活动,不能随着课程的临近,手忙脚乱地进行"东拼西凑"。

单元备课是指在进行某一单元授课之前所做的准备活动。一般包括课程标准分析、教材分析、学情分析、单元教学目标、单元教学重难点、方法与手段、进度安排、教学设想等。单元整体教学需要教师审视整个单元,立足于知识的系统性,做到瞻前顾后,整体设计教学流程。

新教师初次走上岗位,要想在上课时做到胸有成竹、游刃有余,就需要提前备好课。要想备好课,理清第一单元的内容就显得尤为重要。备课第一单元要依据课程标准、教材以及学情特点,对第一单元的教学内容进行整体审视,划分单元知识结构体系,然后选择合适的教学策略,最后制订出科学合理的单元教学计划以及课时安排。

要想轻松备好第一单元,我认为至少应进行两次备课。

一、初次备课

教师在备课的时候必须要有整体意识,应通读第一册教材,细读第一单元,研读每一节内容。正确把握第一单元的主题,熟悉课标要求,领会编排意图,确立教学目标,理清重、难点,阅读相关参考资料。在实际教学中,有的教师往往认为绪论课缺少实在的"知识点",直接省略其教学过程。其实绪论课不仅是新学期的第一堂课,也是给学生留下深刻印象的机会。教师不能把绪论课备成学科"成果"展示、个人才华"表演",堆砌大量视频或图片等,而应深入了解学情,精选素材,在激发学生学习兴趣的基础上体现学科特色。

以人教版高一物理第一单元"运动的描述"为例,具体步骤如下:

(一)深入解读课标

高中物理课程是普通高中自然科学领域的一门基础课程。高中物理课程在义务教育的基础上,帮助学生从物理学的视角认识自然、理解自然,建构关于自然界的物理图景。

(二)深入分析教材和学情

教材分析:"运动的描述"是高中物理的开篇之章,在教学中处于基础地位,其内容包含了研究物体运动规律的基本物理量。时空观、相对性、理想模型概念的建立都有利于高中学生思维的扩展。瞬时速度转化为平均速度的思维方法将为学生以后的学习打下基础。本章需要学习的有关描述运动的物理量包括时间、位移、速度、加速度。要求学生能用图像表示两个物理量的关系,能读懂 x-t 图像、v-t 图像。本章的物理量相互依存,缺一不可,学好本章是学好运动、运动和力、机械能等知识的基础。

学情分析:高一学生对物理学习存在畏惧心理。初中物理注重定性分析,形象化推导;而高中物理课堂知识量大,题型变化复杂,单靠死记硬背解决不了问题,应注重灵活应用,培养学生的抽象思维能力。

(三)明确单元教学目标

1. 知识与技能

(1)掌握描述运动的有关物理量;
(2)通过对质点的认识,了解物理学研究中物理模型的特点;
(3)理解位移、速度和加速度的矢量性。

2. 过程与方法

(1)结合近代发展历史,认识物理学对社会的推动作用;
(2)通过对质点的学习,体会物理模型在探究自然规律中的意义;
(3)通过学习使用打点计时器,熟练使用实验器材,深刻理解位移、速度、加速度和运动规律。

3. 情感、态度与价值观

(1)强调力学是物理学的基础,通过各种实例分析物理学与生活、技术、社会的联系;
(2)体会用理想模型、微元极限思想、比值定义、矢量、图像转化等解决物理问题,培养高中学生所应具备的基本物理学素养(B级)。
(3)通过自主学习体验独立解决问题的喜悦,通过合作学习增强团结协作的精神。

(四)理清单元重、难点

1. 教学重点

(1)位移、矢量、速度、加速度等物理概念。

(2)运动图像。

2. 教学难点

(1)矢量及其运算方法。

(2)瞬时速度、加速度。

(3)v-t图和s-t图的区别和联系。

(五)灵活选用教学方法与手段

讲授法、分析归纳法、讨论法、合作交流法。

二、再次备课

开学前,认真阅读教师参考用书,尝试编写单元教学计划,提前设置和安排好学生练习和作业。开学后,教师要深入调研班级特点,随时关注学生的学习状态、学习习惯、学习方法、思维能力,根据实际情况进行调整。根据所授班级的学生的不同特点,教师应酌情修改每课时的教学目标和重难点,尽可能高效地完成教学任务,使学科教学更切合学生实际。

仍以人教版高一物理第一单元"运动的描述"为例,具体步骤如下:

(一)尝试安排单元教学进度

第一周	绪论(1节) 第1节 质点 参考系和坐标系(1节) 第2节 时间和位移(1节) 习题(1节)
第二周	第3节 运动快慢的描述——速度(1节) 习题(1节) 第4节 实验:用打点计时器测速度(2节)
第三周	第5节 速度变化快慢的描述——加速度(2节) 习题(1节) 第一单元测试 试卷讲评(1节)

(二)反思单元教学

在第一单元的教学中,充分利用多媒体辅助软件创设了丰富的教学情景,教学效果良好。在新旧知识间的衔接上,先复习巩固初中学习过的知识,唤起旧知,在此基础上设置问题情境,引出新概念。然后对新学习的物理量进行分类总结,建立单元知识脉络,以便学生系统掌握。通过循序渐进的方式,使学生思路更加清晰,教学反馈效果良好。

通过本章的学习,发现部分学生对初中物理基础知识掌握得不够,对质点和加速度等新的物理概念理解困难,学习起来难度较大。解决策略:选取生活中常见的物理情境,通过课堂测试和课后作业,使学生逐步理解抽象概念。

新教师应通过第一单元的备课掌握单元备课的方法、策略,优化课堂结构,培养从整体入手设计单元教学、围绕某个支点串联多课教学的能力,让教学更有针对性、计划性、科学性。

专家点评:

"千里之行,始于足下。"备好第一单元的课,对新教师而言至关重要。高质量的单元备课,要求新教师能够运用系统论原理来编排教学内容,优化课堂结构,指导学生自学,使得学科知识学习和学科能力提升走向序列化与科学化,从而提高教学效率。单元备课有利于突出学习目标的整体性和教学活动的前后关联性。

学习目标的整体性,具体体现为以学段中的各年级学生的基本能力、基本要求为纵向目标,以学科自身的结构体系以及各知识点、训练点连缀成横向目标,以各教学单元为纵横目标的结合点,从而形成完整的目标体系。

教学活动的前后关联性,要求教师把一个单元视为一个整体,站在教材体系这一宏观高度把握单元教学的任务和要求、教学的重点和难点,通盘考虑单元教学目标和实施步骤,通盘设计教学的课型和方法,有效完成每个单元的教学任务。

新入职教师面临的是全方位的挑战,要备好第一单元,就必须对学科课程标准、年段目标、单册教学目标有基本认识。在此基础上,还应分析各单元的要求,从而确定本单元的具体目标、课时安排以及教学方法等。建议新教师细读单元要求以及课后练习,以便更精准有效地进行单元备课。

如何轻松备好第一节课

肖其荣[1]

上好第一课至关重要,它能紧紧抓住学生的心,获得学生的尊重和喜爱。经验证明以下四个方面十分实用。

一、教师自我介绍

当我们走进教室的那一刻,学生对我们就已经有了初步的判断。我们的穿着打扮、一言一行、精神面貌等早已替我们向学生做了无声的自我介绍。教师的着装色调应尽量柔和,衣服要整洁、合身,穿超短裙、破洞裤、背心、拖鞋或化妆过重等,都是不合适的。

自我介绍时应介绍姓名、毕业院校、爱好特长、大学期间获得的重要荣誉或者是有意义的经历等等。介绍特长爱好时要尽量介绍那些学生可能也感兴趣的爱好,这也是向学生透露一个信息——在你们擅长的领域,我们有共同语言。这样学生一定会越来越愿意走近我们,听进我们说的话。在介绍自己经历的时候也要有所侧重,可以重点介绍自己的大学生活,让学生觉得我们的大学生活是多么有趣有意义,这样既能让学生更深入了解我们,也能在一定程度上激发学生学习的动力。换句话说,自我介绍是为了让我们在学生心目中更加有血有肉。

二、学科教学观(以英语学科为例)

(一)变被动学习为主动学习

多数情况下,都是教师告诉学生"学什么(what to learn)""怎么学(how to learn)",这样的学习过程相对被动。我们提倡教师要引导学生思考"为何学(why to learn)",因为,只有当学生认为自己有学习的理由,或者学习符合自身利益时,他们才会变被动学习为主动学习。所以,了解学生的学科观至关重要,了解学生眼中的英语学科是怎样的,引导学生思考学习的意义。在学习开始之前搞清楚这个问题,后面的学习过程就会更加顺利。

---

[1] 肖其荣,重庆市璧山中学高级教师,市级骨干教师,曾获第五届全国中小学外语教师园丁奖。

教师可以引导学生思考并讨论"我眼中的英语"并及时对学生的观点进行评价,引出 English 的两个重要定义:

1.The English language or literature is a subject of study.

2.The language, originally of UK, now is spoken in many other countries and used as a language of international communication around the globe.

然后让学生讨论"应该更加侧重哪个层面",引导学生理解规范化学习和测试是语言学习者学习的保障,更有助于对语言的规范化使用。

(二)探讨学习的目的

教师让学生讨论学习英语对自身发展的意义和重要性。

1.工具性(用英语进行交流;利用英语解决问题;利用英语学习其他学科);

2.增加竞争力(申请交换、留学、求职应聘等);

3.人文性(学习多门语言有利于发展思维;通过学习英语学习西方文化)。

(三)教学展望

向学生介绍未来的课堂中我们将涉及哪些知识的学习,会使用到什么样的学习材料,会以怎样的方式学习等,也就是让学生对即将到来的英语课堂有一个心理准备。比如,英语课开始前教师向学生介绍未来英语课将涉及听、说、读、看、写等能力的训练以及词汇、语法、语篇、语用等方面的学习,而在听的学习中我们将会借助 Textbook materials、News、Speeches、TED、Video 等材料或工具,通过跟读、填空、选择等方式开展学习活动。

(四)结合高考分析学习的重点

教师凭借对高考题型、内容、考查特征等方面的了解,引导学生分析日常所学知识在高考中是如何体现的,哪些知识是高考重点考查的内容,通过分析高考题型让学生抓住重点。

第一部分:听力。考查听力与词语积累。

第二部分:阅读理解。考查阅读理解能力、推断能力、概括能力等,以及词汇、语法。

第三部分:语言知识运用。考查阅读理解能力、词汇,以及搭配、词性转换、从句、时态等语法知识。

第四部分:写作。考查语法、词汇、表达(输出)。

通过上述分析不难看出英语学习的重中之重即"词汇+阅读"。

三、上课准备

（一）物质准备

物质准备就是上一节课需要带哪些东西。不同学科拥有不同的学习辅助用具。新教师们可以提前思考，或向老教师们请教，然后告知学生提前准备。

如英语课必备《牛津高阶英汉双解词典》（第8版）、《朗文当代高级英语辞典》（第5版）、《柯林斯英汉汉英词典》（第3版）、荧光笔、课本等。

（二）行为习惯

要求学生在课堂上做到：上课铃声响马上拿出上课所需物品；养成自主记笔记的习惯、课堂提问和讨论的习惯及课后总结的习惯；等等。

（三）心态准备

心态包含很多方面，比如对待犯错误的学生的态度、欢迎学生与老师交流的态度等。当我们很真诚地向学生表明态度，我们才能慢慢赢得学生的信任。

上课时，教师应精力充沛、充满激情，以此来感染学生、激励学生，以达到预想的效果。上课时，老师要面带微笑，讲话要幽默风趣，这样才能迅速缩短与学生的距离，使课堂气氛活跃起来。

（四）课时准备

以高中英语课第一课教学片段为例。

Part 1　小问题，大探究

1.Can you make a self-introduction?

2.What did you do during your summer vacation?

3.What do you want to learn from my class?

4.Do you have any suggestions about learning English well?

Every problem has a solution, only if we perhaps change our attitude.

ATTITUDE IS EVERYTHING

Remember：It is your attitude not your aptitude that determine your altitude.

Part 2　学习准备

1.英语课必备：词典《牛津高阶英汉双解词典》（第8版）、《朗文当代高级英语辞典》（第5版）、《柯林斯英汉汉英词典》（第3版）、荧光笔、课本；

2.两个英语听写本；

3.一本笔记本（至少够一学期用）；

4.一份英文报刊;

5.一个小本子,随时记忆单词。

Part 3　学习要求

1.坚持每天记忆单词或词组30个;

2.坚持每天背诵英语课文或课后文章两句;

3.坚持每周写一篇作文。

Part 4　课堂要求

Do's:thinking;writing;speaking;concentration;active involvement;taking notes.

don'ts:sleeping;small talk;eating food;making noise;MP4 and cell phone;go out.

总之,英语的学习是一个漫长的过程,学学停停便难有成就。学英语贵在坚持。请记住:从心底热爱英语;投以时间和精力;要有信心并持之以恒。

Where there is a will, there is a way!

God will help those who help themselves!

Part 5　答疑

1.英语单词为什么难记住呢?

表1　艾宾浩斯遗忘曲线

时间间隔	记忆量
刚刚记忆完毕	100%
20分钟后	58.2%
1小时后	44.2%
8~9小时后	35.8%
1天后	33.7%
2天后	27.8%
6天后	25.4%
1个月后	21.1%

记忆单词常用的方法:音标发音、构词法、形近比较记忆。

2.高中英语和初中英语相比有什么不同?

(1)高中英语课程要求不同于初中

初中:重视基础知识的应用。

高中:重视语言综合能力的考查。

(2)初高中题型不尽相同

高考题型简介:

①听力30分;
②阅读理解40分;
③完型填空30分;
④语篇填空15分;
⑤改错10分;
⑥书面表达25分(应用文+续写或概要写作)。
(3)初高中学习内容不同
①相比初中,高中英语的词汇量增大、阅读量增大、语法难度增大、课堂容量增大;
②高中英语对听说能力、阅读能力、写作表达能力的要求更高。

3. 相比中文,英语是不是特别难学?

老外说中文学起来好难:
你嚎(好)小姐刘,我恨歌星(很高兴)弄死你(认识你)。

4. 怎样学好英语呢?

学习音标第一步;单词积累慢慢来;句子背诵随口张;英语交流不用慌。

专家点评:

成功的第一节课,具有首因效应。它不仅可以让学生对你产生好感,也会对你任教的课程产生兴趣。学生对你的课堂规则有所了解,有助于你未来教学的顺利展开。由于年段、学科、性别、个人特质的不同,第一节课其实没有固定模式。一般而言,准备第一节课,教师可以从以下几方面入手:

1. 准备开学第一课的自我介绍。第一节课不宜上新课。亲其师而信其道,要通过自我介绍让学生觉得你有风格、有水平、有责任心,但不能过于花哨与卖弄。

2. 提前了解班级情况,了解学生的来源和构成,从整体上把握。研究特殊学生,以便在第一节课有的放矢地进行引导。

3. 梳理本课程的内容框架,注重联系现实生活中的具体事例,突出学科的重要性,激发学生学习的兴趣。

4. 初步了解学生学习本课程的起点。调研学生关于本课程的学习目标、学习计划以及学习方法,教师可以把自己的学习经验和方法传授给学生,做好情感发动。

5. 正所谓"无以规矩,不成方圆",教师应根据班级实际情况,第一节课便要制订好学科方面的规章制度。

如何准备一堂公开课

刘祝[1]

要上好一堂公开课,除了需要认真备课外,还要结合教师自身特点设计相应的教学方法,以达到事半功倍的效果。

一、备课前的准备工作

(一)备选题

苏轼在《晁错论》中说:"能前知其当然,事至不惧,而徐为之图。"这句话说明了准备的重要性。当确定了公开课的课题后,教师就可以着手准备了。这时候的准备可分为五个阶段:熟读、海选、吸收、精选、创新。很多新教师往往忽略第一步,习惯直接去网上找资料,广泛搜集相关课题的教案、课件,然后加以修改。笔者认为最好是先熟读教材,有零星的想法可记录下来,先尝试理清自己的教学思路。在此基础上,再去搜集资料,才能真正做到取其精华、兼容并蓄,最终形成有个人特色的教案。

(二)备学生、备听众

1. 备学生

首先,要了解学生的认知障碍。在备课时,应提前预设学生在课上会遇到哪些障碍,该如何去解决这些障碍;其次,要把握学生的认知特点。针对学生的兴趣点创设相应的情境,设计有挑战性的、开放性的问题让学生探究,教学语言要有趣味性、针对性等等。总而言之,应以学生为主体,关注学生如何学。

2. 备听众

公开课一般来说是一堂具有讨论研究价值的课。教师在上课过程中不但要关

---

[1] 刘祝,重庆市璧山区教师进修学校美术研训员。曾荣获第七届重庆市中小学美术教师基本功大赛一等奖,第八届重庆市中小学美术赛课一等奖,指导教师多次获重庆市一等奖,两次被评为市级"先进个人"。

注学生的学习情况,还应考虑听课者的观课感受。教师可以通过美观大方的课件,清晰直观地呈现本课的教学思路,使听课者对本课有一个清楚的认知。

(三)备教学设计

一节课40分钟,要想做到准确把控课堂,必须充分解读教材,精心设计每一个环节。因此,在备课时应力求做到以下几个方面:

1. 导入力求新颖

课堂导入是一节课不可缺少的环节,它对明确教学目标、激发学生兴趣、拓展学生思维起着十分重要的作用。一节公开课是否精彩,很大程度上取决于导入是否新颖。因此,导入一定要新颖有趣,在短时间内能引起学生的学习兴趣,打开学生的思维之窗。

2. 教学目标力求精准

教学目标是教与学的出发点和归宿,它必须遵循全面性、层次性、灵活性、可操作性原则,力求精准。新教师不但要思考学生学了哪些知识,还要考虑学生的认知水平、情感态度与价值观的发展。

3. 教学重点、难点的设计力求突出

教学重难点一定要突出,要让学生明确本课的重难点。

4. 课堂提问力求有效

课堂提问是教学的重要手段之一。设计的提问有没有价值,对课堂教学的影响很大。新教师往往会出现一些误区,如问题设计得过多、过浅或过难等。如何才能设计出有价值的提问呢?一是问题设计要少而精,具有目的性。问题的呈现方式可以有多种,教师应采用多种方式进行提问,但切忌同一个问题用多种表述重复提问。同时,教师要减少因个人口语习惯所提出的无效问题,如"明不明白""对不对"等。二是问题设计要难易适中,尊重学生的差异性。例如,让学生运用已学知识来分析新知识的结构、特点,或让学生针对材料做出自己的价值判断和选择等等。三是问题设计要具有开放性,能打开学生的思维。引导学生从不同的角度去思考问题,用不同的方式来表达自己的想法。四是课堂提问的主体应是多元的,不仅要有老师提问,也要有学生提问。例如在导课环节,可以让学生谈谈预习时遇到的问题;在探究学习环节,可以让学生说说自己的疑问;在课堂总结环节,可以让学生针对本课提出自己的困惑等。

5. 教学评价力求多元化

教学目标是教学评价的依据。为提升评价的实效性,力求教学评价多元化,建议新教师在教学中解决好三个问题:

(1)评价标准是什么?评价标准的确定是评价的前提,这样可以避免"天马行空"的讨论。例如,美术课上教师可以引导学生从色彩、线条、构图等方面进行评价。

(2)以什么样的形式进行评价?建议教师开放评价空间,凸显学生的评价能力,特别是在美术创作课时要尊重学生个性化的审美趣味。

(3)作品以什么样的方式展示?作品展示应使师生能够一目了然地进行比较与判断。

二、课前试讲查疏漏

不管如何详细地准备教学设计,都不如直接给学生试讲更有针对性。学生是教学的旗帜,新教师可以通过试讲厘清思路,发现问题,及时查漏补缺。

三、正式讲课稳应对

(一)衣着方面

公开课上,教师的着装应朴素大方、干净整洁。女教师的穿戴应避免过于暴露,可以化淡妆,显得人精神干练,给学生和评委留下较好的印象。

(二)姿势方面

一般来说,教师上课时身子不宜摇摆晃动,以免学生认为教师心不在焉;也不应在讲台前来回走动,防止分散学生的注意力;更不应站着一动不动,给学生木讷的感觉。

(三)情绪方面

新老师在讲课之前紧张,这是很正常的。克服紧张最直接的方法就是充分准备!在已经准备充分的前提下,还是觉得紧张,那就应在进教室之前先进行自我调节。

(四)语言方面

课堂上,教师的语言应该尽量幽默有趣,富有感染力。建议新教师在备课时把课堂语言都详细写下来,这种方式看似费时费力,其实是从薄到厚的积累过程。久而久之，教师的教学语言就会越来越精炼，思维越来越清晰，课堂效率也会越来越高。

四、课后反思促提升

教学反思不仅是一种能力，也是一种策略，更是一种学习方式。课后到底要不要"反思"？当然要，如果不"反思"，教师容易故步自封，创意更无从说起。作为新教师，课后必须要思得、思失、思改。"思得"就是要反思师生在本课获得了什么，为什么成功，总结出经验；"思失"就是要反思哪些是失败的，原因何在；"思改"就是要反思如何改进，有什么策略和方法。我认为，教师如果真正做到了这几点，教学反思就会有一定的深度，这实际上也是一种教学研究。

总之，对于新教师来说，公开课是最好的"熔炉"。通过上公开课，你会明白许多，如如何有效达成教学目标，如何在教学中发展核心素养，如何安排教学环节，如何设计有价值的课堂问题，如何优化课堂教学结构，等等。随着时间的沉淀，当你回首过去的时候，你会发现在准备公开课的过程中，所收获的不仅仅是一节课的知识，更是一份永恒的经验。

专家点评：

如何准备一堂公开课？刘祝老师给新教师提供了非常全面和实用的技巧和建议。公开课是每一位新老师都会经历的教学活动，无论是平常学校的教研活动，还是大型的公开课，对新教师的专业成长都有积极的作用。

新教师要上好公开课，要习惯"望闻问切"。"望"，即观摩名师，明确一节好课的标准。新教师可以通过国家"一师一优课，一课一名师"平台多看公开课，多观摩名师现场示范课，吸取别人好的做法，创造性地优化自己的课堂。"闻"，即多听学科组同事的课，做好同伴互助。对于即将要上的公开课，不妨先去听一听同事是怎么上的，进而理清自己的授课思路。"问"，即询问优秀教师，最好多咨询一下学科组或学校的优秀教师，集思广益。"切"，即让学科组同事指出自己授课的不足，通过反馈实现改进。

如何上好见面第一课

赵查[1]

一位教师与一群孩子相遇，是尘世中难得的缘分。如何让相遇后的每一天都如初见般美好，取决于教师能否持续为学生提供丰富而独特的文化滋养，亦取决于该教师能否在见面第一课以学科魅力和人格魅力彻底征服学生。那么，如何上好见面第一课呢？笔者根据自己的教学经历梳理了以下策略供大家参考。

一、了解自己，扬长避短

在备见面课之前，老师一定要先充分地剖析自己的个性、风格、特长等，思考哪些方面是学生可能感兴趣的，能够拉近与学生距离的。比如，有些老师性格外向、开朗善谈，就可以从自己的人生经历（故事）方面做一些准备；有些老师性格偏内向但有思辨能力，则可以准备一些自己平时感兴趣的内容，如游戏闯关、发明创造、数独训练等等，让学生大开眼界。

立足于自己的个性和特长，就是要找到自己与学生之间的契合点，消除见面课上的陌生感和距离感。其中最有效的方式就是展示自己的特长，让学生认识一个特别的你、有趣的你。这就要求每个老师都要有一点儿"绝活"，无论是哪方面的本事，无论是否与学科教学有关，比如歌唱、舞蹈、运动、下棋、手工、烹饪、打网游等等，只要是能充分展示自己个性的特长，就是有价值的"绝活"。只有"亲其师"，才能"信其道"。如何在见面课上让学生亲近你，这是值得每位教师深入思考的问题。

有些老师可能会说，自己本就是一个中庸而平和的人，没有特别之处，那要怎么去准备呢？其实大部分人都是普通而平凡的，我们不可能要求每个老师都是奇才。就算是奇才，也要看这个"才"是不是与学生的兴趣点契合。比如，一位老师爱唱京剧，在见面课上展示自己的京剧唱功就要慎重，因为有些学生对京剧没有太多了解，也不一定感兴趣，这一特长在学生有相应的文化准备之后再展示可能效果会更好。那么教师应该如何去准备呢？笔者认为可以从当下中小学生感兴趣的信息

---

[1] 赵查，广东省深圳市龙岗区实验学校教师，2018年深圳市年度教师，中国名师大讲堂的青年教师代表，深圳市中考语文命题组组长，深圳市直属学校和龙岗区新教师的专业培训师，龙岗区初中语文名师工作室主持人、课改标兵。

入手,比如他们关注的偶像明星、他们喜欢的音乐和电影、他们迷恋的某款游戏等等。教师在见面课上有意无意提到学生感兴趣的内容,学生往往会对该教师产生好感。从教育心理学的角度来分析,这一行为有助于师生之间的心理趋同,从而引发学习动机。

二、了解学情,有的放矢

上好见面课,功夫在课前。在上课前,要尽一切可能了解班级是怎样的组合,了解学生的结构、男女比例、学科基础等等。如果更精细一点儿,甚至可以和班主任一起了解学生的家庭构成情况。如果无法掌握更丰富的学生资源,至少应该提前掌握学生的名单,尽可能地把学生的名字记下来。对学生的情况了解得越多,上第一课就越有底气和信心。笔者数年前去一所新学校接手一个新班级并担任班主任。由于学生刚从小学升入初中,学校只提供了一份该班级的名单。在开学前三天,笔者通过各种方式与全班48个学生的小学班主任和其他任课老师取得了联系,了解了每一个学生的小学学习情况和个性特征。在见面课上,不仅把每个学生的名字记下来了,还会时不时点某个学生的名字,"晒一晒"他小学时的出色表现,所有学生都目瞪口呆。即使是初次见面,也能给学生久别重逢的熟悉感,这样就使接下来的教学工作水到渠成。

教师除了了解学生,还应该了解学生的学习认知水平。这个可以通过小升初的学习成绩单和综合评价档案进行分析。虽然学习成绩和综合表现不能作为唯一的评判标准,但教师也可以以此进行初步的学情分析,了解每一个学生的学科优势与劣势,以及他们在小学的生活经历、爱好与特长等。只有较全面地了解学情,才能在见面课上有的放矢,直通学生心灵,建立最佳师生关系。

三、深入学科,尽显魅力

那么,究竟应该如何去备见面课?在见面课上应该讲什么内容呢?在做足了前两项准备工作之后,教师就需要把学科资源和个人风格结合起来,在见面课上,既展现自身的个性风采,又呈现学科的独特魅力。利用见面课,让学生彻底成为教师的"粉丝",让学生爱上教师任教的学科,这应该是最理想的状态。

无论你教哪个学科,见面课都是要围绕学科内容来讲的。如果完全脱离了学科内容,就成无源之水了。同时又要谨防第一堂课的内容过于刻板,切忌照本宣科。一般而言,见面课上三至五分钟的个性化自我介绍之后,就要进入学科内容的教学。此时比较适合教学的内容是对本学科的个性化解读和梳理,让学生对该学科有更系统、更立体的认知,对该学科产生好感,或者说是产生学习和探究的欲望。

比如笔者作为初中语文教师,在新接班级的见面课上就以"语文带我飞翔"为题,抛出了四个问题让学生思考。这四个问题分别是"什么是语文,为什么学语文,语文学什么,怎样学语文"。小学刚毕业的学生从未思考过这四个问题,于是笔者就从"语文是诗性的灵魂,语文让生活变得更诗意,语文只为坚守一种信念,语文传承民族文化的精髓"四个主题,引导学生真正进入语文的殿堂,为学生打开一扇奇妙的语文视窗。其中,在诠释第二个问题"为什么学语文"时,笔者为学生展示了自己教师节收到的诗意短信、自己写过的文章《如果我有一个女儿》的片段,并介绍了自己女儿的名字取自《诗经》,以此让学生直观地感知到学好语文真的可以让生活变得更有诗意。在诠释"怎么学语文"时,笔者讲了几个与"信念"有关的故事,其中特别提到了"练字和写作"的方法,并创造性地改编了《死了都要爱》的歌词,为学生演唱写作的独门秘笈——"死了都要写"。歌词是"死了都要写,不淋漓尽致不痛快。感情多深就要去写,就能有精彩。死了都要写,不写到微笑不痛快,宇宙毁灭我还写"。笔者演唱后赢得了学生热烈的掌声,也赢得了学生的喜爱和信赖。

在这节课的最后十分钟,笔者对语文学习提出了一些目标和要求,并且为学生指明了语文学习的终极考核标准,即"说铿锵有力的中国话,书方方正正的中国字,写洋洋洒洒的中国文,做堂堂正正的中国人"。

见面课是教师与学生建立亲密互助关系的重要契机。要让接下来的教学工作顺利开展,让学生达到最佳的学习状态,教师就必须做好充分的准备,在第一堂课上充分展现自己的人格魅力,最大限度地突显学科魅力。相信每一位教师在真正建立起自己的教学框架并挖掘出任教学科的独特魅力之后,一定会打开一个独特的教学视窗,为接下来的教学创设不一样的风景。

专家点评:

特级教师于漪说过:"课的第一锤要敲在学生的心灵上,激发起他们思维的火花,或像磁石一样把学生牢牢地吸引住。"

见面第一节课,新教师应当高度重视。它的任务与一般课的任务有很大的不同。赵老师结合个人经验,为我们示范了该如何上好见面第一课。

新教师必须首先明确第一节见面课的教学目标:第一,给学生留下好的第一印象,为建立良好的师生关系奠定基础,也为以后上好这门课打下良好的基础。第二,激发学生学习本课程的兴趣。首先应使学生明白本课程要学些什么,让学生了解本课程的大概内容。其次,应使学生明白学习本课程的重要意义。第三,利用第一堂课消除学生的畏惧或者轻视心理,树立学习的自信心。第四,提出明确的学习要求,增强学生学习的自觉性,如上课时必须认真听课、认真做笔记、必须按时完成作业等。

新教师在第一次上课过程中,要尽量避免紧张、角色转换不到位、缺乏过渡、冷场、时间控制不当等常见问题。要充分准备,沉着应对,甚至可以预演,尽最大努力上好第一节课。

如何设计有效的教学问题

——以初中地理教学为例

李永辉、崔成林[1]

现如今,教、学、评一致性下的深度学习被较广泛地运用于地理教学实践中,从而引导学生主动参与教学问题的解决,进而提升学生的地理素养和综合思维能力。我们认为深度学习的核心在于有效问题的设计。那么教师如何才能设计出有效的问题呢?笔者根据自己对深度教学的理解,并结合地理教学的特点,从以下四个方面探究地理教学有效问题设计的一些基本策略。

一、有效问题要有指向性

教、学、评一致性的核心就是"源于目标,终于目标"。因而,学习目标与问题设计不是两条"平行线",而是你中有我、我中有你。教学问题必须指向目标,决不能游离目标。只要有学习目标,就应该有相应的问题去落实。

例如:教学"世界聚落"时,我们确定的一项教学目标是让学生"知道聚落的含义、主要形式,能结合生活体验和相关图片,描述城市景观和乡村景观的特点和差别"。为了达成这一教学目标,我们设计的问题是:是居住在城市好,还是居住在农村好?

要求:全班分为两大组,1~3组为农村代言,4~6组为城市代言。结合图片、资料及自身感受,畅谈乡村、城市的优劣势。每组选一个代表发言,同小组其余成员补充、完善。通过辩论,总结城市、乡村的差异,并进行小组展示。

这样的问题设计,从目标出发,最终又指向目标。在以上的问题解决落实中,展现给学生的是清晰的学习信息,使学生明确了"学什么",也清楚了"怎么学"。

---

[1] 李永辉,山东省潍坊市昌邑市教研中心地理教研员,潍坊市青年党员教师先锋岗,潍坊市教学能手。

崔成林,山东省创新教育研究院秘书长,特级教师,曾获得山东省教学成果一等奖、国家教学成果二等奖。

二、有效问题要有可操作性

所谓可操作性,就是指问题的设计要清晰、具体、可操作,让学生"可写、可交流、可展示"。可操作性的问题使学生学习更自觉。换言之,如果设计的问题模糊不清,学生学习起来就会不知所措。如果学生不知道在课堂上说什么,不知道怎样进行学习活动,那么还谈何学习效果呢?

在旁听教学课"工业"时,笔者注意到授课教师就"影响工业的分布的因素"设计了这样一个问题——"小组合作:假如你是一位来华投资的外商,准备在华投资开办外销加工厂,把工厂建在哪些城市才最赚钱?"

学生在回答这一问题时不断地徘徊于学案和课本中,不知从何处着手。5分钟过去了,学生还是盲目交流、不得要领。显然,这个问题的设计是失败的、不可操作的。为了能让学生真正掌握工业分布的影响因素,我们再次设计了问题。

1. 结合学案中的"中国人口分布图""中国交通图""中国地形图""中国矿产资源分布图",小组讨论后,在空白图中标注自己的厂址,并说明理由。

2. 绘图位置准确,理由充分者为优秀(☆☆☆);绘图位置比较准确,理由比较充分者为良好(☆☆);绘图位置基本正确,理由尚可者为合格(☆)。

这样的问题设计,提供给学生充足的学习资源,使学生知道从哪里入手;辅以清晰的评价标准,让学生知道怎样做得更好。如此一来,学生既掌握了知识,又学会了提炼地理要素的方法。一个有效的问题应是具体的、明确的,更是容易操作的。如果问题的内容和标准模糊不清,很有可能导致学习没有效果。所以,有效问题的设计一定要具有可操作性。

三、有效问题要有高阶性

所谓高阶性,即高阶思维,是指围绕"核心问题或核心概念"组织教学活动。这就要求所设计的问题不是浅层次的,其答案不是课本上固定不变的文本答案。教师应围绕核心问题或核心概念引领学生进行一个系统的、完整的学习,从而训练学生的深度思考能力和综合能力。此时,学生应沉下心来静思默想、交流合作。曾经的课堂,关注的是"满堂彩","不"彩"就不是一堂好课,要是沉默几分钟,老师肯定会坐不住。为了避免这种沉默,老师们会依托声情并茂的课件、丰富多彩的活动,让学生的学习像"赶场子"似的。我们不禁要问,这样的学习效果如何呢?

听教学课"日本"时,为了让学生掌握"日本的自然环境特征和成因",执教老师设计了以下系列问题:

1. 填写一下日本的临海和周边国家的名称。
2. 日本的河流特征如何?试分析原因。
3. 日本的地形以何为主?

4.日本的气候以何为主？特征是……

看着这一大串问题,旁听的老师都觉得很累,何况学生呢？学生急急忙忙地思考、合作、交流、展示……这堂课看似热闹,然而,没有思维深度的问题,其实质是变相的"一言堂",学生的参与度是极其有限的。在此类问答式教学活动中,在热热闹闹的教学表象掩盖下,学生的思维训练能有多少？设计这么多问题,目的无非是让学生掌握日本的自然环境特征和影响因素。很显然,该教师忽略了"核心概念"统领下的对学生高阶思维能力的培养。

其实,日本这个国家的自然环境和它是"岛国"是分不开的。要想让学生了解日本的自然环境和影响因素,只需两步就行:

1.归纳总结"岛国"这一特征对日本的影响。(请从地形、气候、河流、经济发展等方面考虑)

2.表述无对错之分,言之有理、言之有据者为优秀(☆☆☆);能为自己的观点找到相关依据,理据统一者为良好(☆☆);所找的依据能基本证明观点者为合格(☆)。

教师一定要在深刻了解自己学科课程标准的前提下,从教材内容中挖掘出具有思维深度的核心概念来展开教学,从而实现由"表象"到"本质"的转变。利用高阶思维问题,让学生不但知道地理事物"在哪里""有什么",更要知道"为什么"和"怎么样",充分掌握地理各要素之间的联系,从而真正实现地理综合能力和素养的提高。

四、有效问题要有情境性

课程标准提到,地理课程内容紧密联系生活实际,设计问题时要突出反映学生生活中经常遇到的地理现象和可能遇到的地理问题,这样才能使他们产生强烈的求知欲。情景化的问题就是学生学习的兴奋点。

例如,"中国气候"一课的教学中,针对"沙尘暴为什么在我国北方和西北地区较为常见"这一问题,可这样设计教学情境:在室外空旷处撒些干燥的泥土,然后请同学"扫"地来模拟沙尘暴发生的原因。结合"扫"地的过程,让学生思考怎样才能让尘土飞扬。第一,必须有土(西北、北方地区地表土质疏松,多土);第二,必须要干燥,有水不行(西北、北方地区干燥,降水少);第三,必须要"扫"(西北、北方地区冬春季节风力大)。

通过这样生活化的情境创设,学生既掌握了沙尘暴发生的影响因素和分布地区,同时也在更广范围内训练了发散性思维,构建了新的知识体系,培养了逻辑思维能力。

以上仅是教学实践中形成的关于地理教学问题设计有效性的点滴想法,"指向性"和"情境性"是学生主动参与地理学习的关键,"高阶性"和"可操作性"可以增强学生地理学习的深度与广度。我们认为,只要是能培养学生地理学习能力、提升学生地理素养的问题设计,都值得我们探索和践行。

专家点评:

提问,指的是教师根据教学目标的要求,针对有关教学内容设置一系列问题,使学生通过思考和回答,掌握教学内容,达成教学目标。提问是重要的教学手段。精心设计的问题,能起到引导教学方向、揭示教学内容、推动教学发展的作用,使课堂教学结构更为合理,同时调动学生学习的积极性。

教师要有效设计问题,首先需要读懂教材,在备课过程中深入挖掘教材,熟悉教学内容,将知识进行科学的归纳和演绎。在此基础上,还需要进一步分析哪些知识适合用提问来掌握,教学过程中的各个环节如何用提问进行衔接,问题的难易程度,等等。

提问还要体现时机的恰当性。如果把学生的思维活动比作一潭水,教师的提问就如同向潭中投石。"投石"时机的恰当与否直接关系到教学效果的优劣。"投石"过早,学生的思维尚未充分活跃起来,学生不能很好地把要解决的问题与教师的启发诱导相结合;而"投石"过晚,学生思维活动的高潮已经过去,就很难达到开启思维的最佳效果,知识很难在学生头脑中留下深刻持久的印象。

除了预先设计问题,教师同样要关注教学情境中随机生成的新问题。通过层层追问,深化学生对问题的理解,引发新问题,激发新思考,点燃学生思维的火花,促使他们思考现象背后的道理。

新教师由于缺少经验,在课堂教学中常常存在如下问题:提问过于频繁,碎问碎答;提问随意,指向不明,学生不知如何作答;提问没有层次性,提问形式单一,问题的开放性不够;忽视培养学生的提问能力;歧视学困生;等等。学会适时、有效提问,是新教师专业发展的重要方面。

如何智慧反馈课堂上学生的应答

王喆 张雪梅[1]

课堂上学生应答后,如何智慧地反馈?这是一个看似简单但又直接影响教学质量的关键问题。我们随口或精心抛出去的问题,随之带来的是一个又一个亟待反馈的应答,如何让这些反馈发挥最大的效力,从而实现课堂教学质量的提升呢?

我们认为,要做好应答后的智慧反馈,应该在课前的学情预判、课上的应变策略、课后的跟进指导三个方面进行综合准备。

一、预判学情,精准备课

教师备课时应充分考虑学情,做好预判和分析。那么我们如何预判学生的回答,精心地设置各种反馈预案呢?以王喆老师的八年级上册英语 Unit5 What's the highest mountain in the world? 的学案设计为例。

问题设计:活动1——Wake up your ears(唤醒你的耳朵)
规则:分析句子,预判所填单词的词性与形式,再听录音,完成题目。
1.Qomolangma is _____ than any other mountain in the world.
2.The Sahara is _____ desert in the world.
3.The Caspian Sea is _____ of all the salt lakes.
4.The Nile is _____ river in the world.

作为教师,备课时我们应站在学生的角度思考以上案例中的问题,在活动规则中思考问题的解答。反复研究学生可能的回答,并将这些可能的回答,按照认知水平的不同,从低到高给予相应的反馈意见。在这里就不得不提到一个概念,叫作嵌入性评价。它是镶嵌在课堂教学过程中的,针对学生的回答和活动情况的一种反

---

[1] 王喆,山东省泰安高新区一中教师,曾获省级一师一优课、市级主题班会一等奖,区先进工作个人,区优秀班主任。
张雪梅,山东省泰安市泰山区凤台学校教师,泰安市生物名师工作室主持人,曾获泰安市教学工作先进个人、泰山区卓越教师、区优秀教师等荣誉称号。

馈。它是深度学习理念引领下的一种新的教学环节设计,旨在更好地为学生的学习提供更有针对性的反馈服务。

针对以上问题,王喆老师进行了两轮嵌入性评价设计,并在研究学情的基础上,初步设计出了问题应答后的反馈评价标准。

> 听写活动的嵌入性评价标准
> 1.预判出所填单词的词性+1分;
> 2.完整说出单词的比较级、最高级形式特点+2分;
> 3.听完录音后,填写、拼写全部正确+2分;
> 4.比较级转最高级环节翻译对一句+1分;

好的评价标准需要经得住实践的考验。经过实践我们发现嵌入性评价标准存在一些问题,比如反馈设计没有层次性、缺乏逻辑性和可操作性等等。在分析反思后,王老师又进行了如下的改进设计:

表1 评价量表

听录音之前	听录音之后
预判出所填单词的词性+1分; 预判出所填单词的词性并表述理由充分+2分; 完整说出单词的比较级形式与最高级形式的特点+3分;	读对、拼对每空+1分; 涉及句子翻译时,翻译正确+2分; 从中发现比较级转最高级规律式的+3分;

从案例中我们可以看到,改进后的反馈评价标准,对学生活动的评判更具层次性。这种改进不仅让学生了解到学习的层次,更对学生的学习起到了很好的引导与示范作用。

课前基于学情分析而进行的嵌入性评价设计,可以让我们重新审视我们的课堂活动,从不同的视角分析可能会呈现的一系列课堂活动的效果,最终实现在反馈中学习,在反馈中进步。

二、深度思维的课堂呈现

对学生回答进行反馈的艺术,不仅体现在评价设计上,更体现在实际的课堂驾驭能力上。这也是第二个需要我们解决的问题,即如何智慧地反馈课上学生的回答。让我们来看这样一个教学场景:

学生1:这个空应该填形容词比较级。
老师:回答正确,那么请问你能否解释一下你的判断依据?
学生1:因为这里谓语动词是is,而后面有一个比较级的标志词than,所以我判断这里应该填形容词的比较级。

老师：嗯，大家觉得怎么样，有没有不同意见？

学生2：因为谓语动词is后接的名词做表语，而形容词可以修饰名词，所以在这里应该是形容词，而又因为本空出现在than的前面，我们知道than前是要加比较级的，所以在这里应该是填一个形容词的比较级。

教师：大家觉得谁说得更有道理，逻辑更清晰呢？

学生3：我认为第二位同学说得更好、更清楚，让我明白了为什么。

学生4：我也觉得第二位同学说得更好，他解释得更具有说服力，也更有理有据。

（教室里，自发地传来了阵阵掌声）

教师：第一位同学和第二位同学都对填什么词语形式没有异议，只是思考的精细度上有所区别。第一位同学大概解释了使用比较级的原因，而为什么非要是形容词而不是副词等的原因没有清晰地解释出来。而第二位同学，把为什么使用形容词而不是其他词性解释得很到位，所以第二位同学可以得到2分的加分，第一位同学加1分。恭喜各位，大家都进行了思考！

好的评价可以起到三个作用：一是引导学生将问题和活动思考得更全面具体，比如为什么这么做、做到什么程度等；二是让学生及时地接受反馈并修改矫正；三是准确地评价、激励学生，让学生明了自己优秀在哪儿、不足在哪儿。以上案例是一个相对完整的针对学生回答的反馈场景，可以看到学生回答后教师是如何进行评价的。

教师的"你能否解释一下"，引导学生1从简单回答到分析思考原因，让学生从学习的低阶思维状态转变到了高阶思维状态，体现了评价的第一个作用。

教师"有没有不同意见？"，鼓励学生2对学生1的回答进行补充与完善，是对学生1的回答的另一种更有意义的反馈。教师没有直接纠正学生的回答，而是让他在学生2的回答中，发现自己存在的问题，体现了评价的第二个作用。

教师的反馈"谁说得更有道理，逻辑更清晰呢？"，让其他学生评价学生1和学生2的答案，调动其余学生的思考气氛。通过共同对比分析，判断学习，实现了全员参与的目的，体现了评价的第三个作用。

最后的教师点评，是对这一教学活动的总结概括，明确学生1回答的优点和不足，对学生2的表现进行了表扬，同时激励了全班同学。这就是一种智慧的反馈，这种反馈的智慧在于，教师利用一个问题调动大家的智慧来共同解决，真正实现了课堂的灵动性与实效性的统一。

三、课后跟进指导

有许多教师课前精心准备，课中智慧驾驭，课后"销声匿迹"。这其实是不完美的，也是不合适的。学生学习的效果是有差别的，这种差异的产生其实是课上和课下日积月累的结果。课后及时跟进反馈，有利于提高全班学生的整体水平。教学不是浮于表面的，需要扎扎实实地跟进。

我们应针对不同学生的特点因材施教，根据学生的课堂表现和学习能力，设计相应的作业。课后，教师更要有不辞辛劳的恒心和毅力不断跟进指导并及时反馈，通过再评再修改的循环过程，让每一个学生都不掉队。

深度学习是开启学生思维的钥匙，教师智慧的反馈是学生深度学习的催化剂，让我们用一生的精力上好一堂课，去启迪一代人的心灵。

专家点评：

学生课堂应答后，教师临场的智慧反馈能力，就是所谓的"理答"能力。华东师大崔允漷教授认为，理答就是教师对学生回答问题后的反应和处理，是课堂问答的重要组成部分。

一般来说，课堂问答包括发问（教师提问）、候答（学生思考问题和组织答案时教师的等待）、应答（教师指名某位学生或小组回答问题）、理答（教师针对学生的回答做出反应），这四个环节是前后连接的。理答既是一种教学行为，也是一种教学评价。它是教师对学生的回答做出的即时评价，是一种重要的教学"对话"。教师科学有效的理答，可以激发学生的学习兴趣，调动学生思维的积极性，为学生营造积极探索、求知创造的氛围，建立愉快和谐、心理相融的师生关系。

新教师的课堂理答存在以下常见问题：一是缺乏针对性。对学生的回答做一个简单的、模棱两可的评价，或对学生的回答不做任何评价，学生只能笼统地知道对或错，并不了解对错的原因。二是缺乏情感。教师对学生的回答没有表情或漠然对待，长此以往，学生肯定不愿再回答问题；再者教师用这种漠然的态度对待学生，会伤害学生的自尊心和积极性。三是缺乏鼓励。一些教师对学生的回答没有及时地给予鼓励引领，致使回答得好的同学的积极性受到挫伤，回答不好的同学内心产生恐惧心理。四是缺乏客观性。一些教师对学生的回答盲目地高歌赞赏，缺乏客观评价。这容易使一些学生飘飘然，滋长骄傲自满的情绪，也容易造成学生学习上的混乱。如果学生对教师的理答产生质疑，会严重影响教师的尊严和威信。

如何开展有效的小组合作学习

赵伟　李伟伟[1]

一、为什么要开展团队合作学习

学习活动理应从自我学习开始,个体要实现深度学习的状态,首先要能够从已知信息中甄别提取出有效信息,并对有效信息进行再整理再加工,然后运用相关工具辅助自己完成指定任务,并在不同情境下进行知识的迁移。

然而,个体在解决富有挑战性的问题上明显受限,这就要求学生组成小组,合作学习。学生之间通过交流互动,筛选出有效信息从而受到新的启发。在评议互动中产生观点的碰撞,在认知冲突中解决问题,这不仅能有效地激发学生进一步学习的兴趣,还能有效地促进个体学习的深化。

团队学习有明确、具体的学习主题、组织形式,它以问题为驱动,注重持续性的深入探究。通过团队学习,学生更容易建立认知系统,形成结构化的知识。

二、如何开展有效的小组合作学习

要开展有效的小组合作学习,需要具备以下几个要素:

(一)明确的学习目标

以一年级的数学学习活动为例。

活动1:同桌之间说说8的组成。

在全班交流的基础上,以同桌为单位互相监督完成此活动,这样容易实现锻炼全体学生表达能力的目标。

活动2:同桌之间互相分享对某道数学题的想法。

在两种情况下可设计此种学习活动:一是在全班展开交流之前,学生在自己思考之后先和同桌练习讲述,使条理更清晰,语言表达更清楚流利;二是在全班交流之后,为了达到全员参与和巩固的双重目的,同桌间再次进行交流。

---

[1] 赵伟,黑龙江省哈尔滨花园小学语文教师,市级骨干教师;
李伟伟,高级教师,河北省保定市小学数学骨干教师。

通过以上两个活动说明,即便是浅层次的合作学习都必须要有明确的任务性目标,并要求在规定时间内高效地达成目标。

经过一段时间的实践发现,只要有明确的学习任务和学习目标引领,即使是刚入校门的一年级学生,都会两两合作完成学习任务,鲜有自行玩闹的现象。

(二)合理的任务分配

通常情况下,以4~6人为一组最好,而对于小学生,4人小组合作学习更为合适。在活动中,要调动每个学生的学习积极性,让每位成员都能参与到学习活动中并有所收获。要实现全员参与就要关注到两点:

1. 成员分工

以数理化操作为例,小组内要有统领全组的核心——组长,有动手操作者,有发现问题的观察员,有数据记录员。

我国台湾教育专家李玉贵老师的"学习共同体"的小组分工则更有趣味性,他设置了"小沙漏"(时间管理员)、"小桌长"(环境管理员)、"小天使"(人际关系调和员)和"小总裁"(大家都不愿意做的事,总裁来做)等小组职务。从李玉贵老师的人员分工来看,他的"学习共同体"是具有一定人文情怀的,不单单是培养学习能力,也重视其他能力的培养。

合理的分工,可以使组内成员通过思维碰撞从多个角度不断发现新知识、新观点,提出新的解决方案,更有利于深度思考。

2. 发言顺序

要实现全员参与,必须要重视发言的顺序。如果四人小组里先由思考能力最强、表达能力最强的学生发表观点,势必会造成其他学生"无话可说"的局面。因此,让不敢表达的组员先表达,让不愿动脑思考的组员先行思考,无疑是对学生的一种良好锻炼。在此,我们要思考的是——如何让交流变成一种自然发生而不是强迫的行为。我们不妨将组内成员编排好序号,如最简单的1,2,3,4。第一次发言的顺序是1,2,3,4,第二次可以是2,3,4,1,也可以是4,3,2,1,等。

3. 明确学习和交流讨论的方向

作为课堂学习的组织者、引导者,教师的引领是必不可少的。以"平行四边形面积的推导"一课为例,教师可以这样引导小组交流:

(1)我们是这样做的:_____

_____

(2)我们发现了:_____

_____

(3)平行四边形的面积公式：_____

_____

通过以上方式,教师自然而然地架构了学生组内交流的思路框架,引领了学生交流的方向。

三、贯穿始终的反思与评价

要实现有效的小组合作学习,教师的评价必不可少。

教师要预先准备好评价量表(如表1)。小组评价是激发小组学习的动力之一,可以分为主观的自我评价和客观的他人评价两种形式。他人评价则包括组内成员评价和师长评价等。以《肥皂泡》一课第二自然段的学习活动设计为例,具体设计如下：

说一说,评一评：借助动词,给小组成员说说玩肥皂泡的过程。达到要求,就在表格对应处画星。

表1 评价量表

要求	①不看课文复述玩肥皂论的过程,语言流畅	②用上了至少6个动词	③能按照正确的顺序说,并用上了"再、然后"等连词	④搭配动作
自评				
组员评				

再如,"平行四边形面积的推导"一课的具体评价标准可以这样设计：

1.组内合作层面：
(1)与组内同学合作完成剪拼;(+2分)
(2)小组合作得出多种方法。(每种方法+2分)
2.组外展示层面：
(1)小组勇于展示并清楚说出发现;(+3分)
(2)小组合作得出多种方法。每种方法+2分)

在总结环节非常有必要进行组间的交流反馈和全班交流评价,这是激发小组合作学习的外部驱动力。

深度学习下的小组合作学习会产生可见的成果,教师要引导所有参与者对成果进行评论和分析。外部评价可以小组成员商量后由组长或固定的一个组员完成,可以评价记录单(如表2)的形式,或以奖励(给最欣赏的小组献花)的形式进行评价。

表2 小组评价记录单

组内活动	合作融洽	☆☆☆☆☆	
	全员参与	☆☆☆☆☆	
汇报展示	观点鲜明	☆☆☆☆☆	
	表述清楚	☆☆☆☆☆	
	富有创意	☆☆☆☆☆	
倾听他组发言	☆☆☆☆☆		
整体效果		共计	颗☆

专家点评:

本文对小组合作学习的意义、价值以及开展小组合作学习的具体策略,做了很好的梳理。

新入职教师要从正反方面,不断加深对小组合作学习的理解。例如:合作学习如何选准切入点,让合作建立在个体需要的基础上,避免多余的合作与虚假的合作;如何在合作学习前留给学生独立思考的时间,学习过程中留足学生交流的时间,让合作真正促进每一个学生的学习;如何强化学生的合作意识,锻炼学生的合作技能,如听的训练、说的训练、问的训练、辩的训练,让学生知道如何有效合作;在小组评价时如何实现整体与个体的同时关注、凸显合作学习的价值等等。

如何设计指向思维提升的学习活动

张瑞　刘彦莉[1]

我们在教学中常常有这样的经历：考试中，学生们常常在讲过数次、难度并不大的，或者是稍有变化的题目上"翻船"。这个时候我们往往会抱怨学生不动脑子、不会思考，但是作为教师，是否应该反思：平时的课堂教学，给学生创造思考的机会了吗？传统的教学方式中，教师更关注教学任务是否完成、学生作业的正确率如何。虽然写作业某种程度上可以锻炼学生的能力，但通常情况下，教师布置作业的目的在于检测学生知识技能的掌握程度，此时课堂就成了"讲解和练习"的场所。但是数学学习绝对不是单纯的"记忆+练习"，让学生拥有思考的能力才是其高阶目标。

众所周知，学数学离不开思维，没有数学思维，就没有真正的数学学习。那么如何在数学课堂上启发学生的思维呢？笔者认为，设计指向思维提升的学习活动，便是让学生拥有了一把开启思维的金钥匙。

那么何谓指向思维提升的学习活动？简而言之，就是让学生展示自己在数学活动中的思维过程，教师辅以嵌入式评价，伴随着思维可视化产品（学习结果）的诞生，学生逐步建构起新的知识体系，进而拥有创新的意识和能力。这样的活动能使学生的学习动机得到强化，对于老师而言，学生反馈出的思维过程和思维可视化成果都是调整教与学策略的重要依据。教师收到反馈信息后，对其进行整理归纳、矫正输出，形成再反馈，师生之间便完成了一次双向交互反馈的学习。

要想高质量地完成这样的学习活动，教师应该特别关注两个问题：

一、在学习中培养学生良好的思维习惯，为其创造思考的机会

考试中有这样一道题目：一个数除以6有余数，那么余数最大是几？最小是几？

考完后两位教师之间有如下的对话。

---

[1] 张瑞，山东省泰安市泰山区上高学校优秀教师；

　　刘彦莉，河北省骨干教师，保定市师德标兵，保定市魅力教师，保定市学科名师，保定市初中数学教学标兵。

李老师:张老师,你怎么讲的"余数最大比除数小1"这个知识点啊?这个题我们班错很多。

张老师:没有专门讲这个点啊。(看了看这个题)这个题难点在于平时做的都是算式,换成文字就搞不懂了。学生找一个除以6有余数的数,列列算式不就行了?

事后,我们进行了反思,我们平时是否有训练学生遇到困难利用举例去解决问题的习惯。如果平时学生遇到了困难,自然而然地就想到写一写、画一画,以这样的思维习惯去思考,问题也就变简单了。

二、在教学中鼓励学生用多种方式表达,实现思维的可视化

一堂普通的练习课,其中有一道难度较高的题目(如下图):用火柴棒摆正方形和三角形,你能算出第39根火柴棒是用来摆正方形的还是三角形的?

□ △ □ △ □ △ □ △ ……

在巡视的过程中,老师发现错误率没有那么高,于是提出谁可以给大家讲讲这个题,一个平时学习较差的同学举起了手。令老师惊奇的是,这位学生说得比较有条理:他认为39÷7=5(组)……4(根),余下了4根,正好拼成正方形,所以认为第39根拼的一定是正方形。

一节课讲再多的题,最终也只是老师在讲,学生在听,许多同学只是沉浸在了老师的说教之中。多数同学听懂了老师的讲解,也会用方法去解决问题了,但是孩子的思维真的得到锻炼了吗?能够做到迁移运用吗?通过教学使教学难点变得浅显易懂,提高学生的思维能力,才是最终目标,才是对"人"的教育。

而当我们真正开始指向思维的学习活动,研究思维的可视化时,才算真正开启了学生思维的大门。下面就以一节课例的实录进行分析。

课题:智慧广场——找规律(青岛版小学数学二年级上册)

1.男女生比赛,比一比谁记的数字多。

第一轮:男生3752;女生2573;

第二轮:男生8051627305829;女生257325732573。

男生喊不公平,说女生记的数字有规律。

2.深入思考。

师:女生的数字有什么规律?你能举一个生活中具有周期性循环规律的例子吗?

(通过趣味性的游戏让学生感受身边的周期规律现象,寻找学生的兴趣点,更有利于激发学生思考)

师:仔细观察图片,给你们30秒钟的时间尽可能多地去寻找图中的数学信息,

等会儿老师将随机选取同学进行回答。

（这里要给予学生充分的思考时间，让他们对信息进行梳理、分析。利用教学软件随机抽取，保证每个人被抽到的机会平等，这样也能督促每个学生认真思考）

生：有9面旗子串在了一起，按照红黄绿的顺序排列形成了周期循环。

（老师面露微笑，继续做倾听状）

（学生意识到老师还在等待答案，于是继续思考，接着说）

生1：每3面旗子一个周期，颜色分别是红黄绿。

师：你真是一个观察细致的好孩子，不仅说出了数量，还联系了刚才学习的知识。谁还有补充吗？（评价中要有对思考问题角度的引导，这是一个日复一日训练的过程）

生2：一共9面旗子，按照红黄绿每3面一个周期进行循环，循环了3次。

师：你说得更完整了！还用到了我们除法的知识！有同学可以根据刚才的信息提一个问题吗？

生3：下一面旗子会是什么颜色？

生4：第12面旗子会是什么颜色？

……

（作答）

师：老师这里也有一个问题，第17面旗子是什么颜色呢？现在，我们先拿出自己的创意绘画本，想想用什么方法才能更好地解决这个问题呢？问题具备开放性、生成性。老师用PPT展示反馈标准。

反馈标准
1. 将思路呈现在图画本上，并解决这个问题。+1分
2. 能用数学符号代替图中的信息，越简单越好。+2分
3. 我的方法能比别人更快地解决这个问题。+3分
4. 我可以将这个方法讲给同学们听，并且他们可以听懂。+3分

师：现在我们开始小组讨论。小组内按照1号到4号的顺序分别进行陈述，其他人可以参照反馈标准，评选出最佳作品！开始吧！（有了反馈标准，学生内心就有了一把"尺子"，用好这把"尺子"，可以形成双向反馈）

（教师巡视，观察有代表性的作品）

师：讨论结束，现在是展示时间。

（小组内选出的最佳作品的创作者上台讲解。教师也可从这个小组再选取一名其他成员来讲解这个作品，以监管小组内是否真正做到了合作学习）

每组展示完成后，其他小组的学生根据反馈标准对其进行评价补充。（教师应

注意启发学生的思维,多问"你为什么这么认为?")最终评选出全班最佳作品。(小队夺旗榜加星)

师:同学们不仅能自己建立模型,运用数学知识来解决问题,还可以像个小老师一样给大家讲清楚,给你们点赞!

师生共同归纳:看清事物排列的规律,弄清几个物体为一组,从而确定除数,再列算式计算。余数是几,这个物体的颜色就和每组中的第几个物体的颜色相同;没有余数,这个物体的颜色就和每组中最后一个物体的颜色相同。

(学生反馈之后,老师还要给出规范,形成再反馈,再提出类似问题,作为练习)

从上面的案例可以看出,若想让学生通过数学活动提升数学思维品质,实现思维可视化是一个重要方式,因此我们可以从以下几个方面去做。

1. 提问。教师应该更加重视课堂教学的评价和创新,为学生创造更多的思考机会。

2. 寻找学生的兴趣点。创设真实的情境、生成性的问题和活动更利于提高学生学习的积极性。

3. 注意思维的启发和阐述。"你为什么这么认为?""他们好像没听懂,你能再说得具体一些吗?""你的依据是什么?"等简单却有力的问题,最有利于启发学生思考。这样教师可以了解学生的思维,进入他们的世界,并根据反馈调整学习活动。

4. 倾听。倾听是对学生的尊重。有了倾听,学生会更愿意分享自己的想法和观点,使师生间形成良性互动。可以说,倾听为教师了解学生的思维打开了一扇窗。

5. 生成思维可视化作品。思维可视化作品反映出学生自身的学习过程和成果,有助于学生形成自我反馈,同时它也是评价和调整教学策略的基础。

6. 评价。无论是学习活动前,还是学习结果产生后,评价都是开启学生思维大门的钥匙。

综上所述,指向思维提升的活动在课堂中的实施,就是使教师从知识的传输者转为学生思维能力的培养者,将学生置于学习的中心位置,使其真正地参与思维训练,从而为其赋能,这才是教育的真正意义所在。

专家点评:

文章为我们提供了学习活动设计促进学生思维发展的样例。促进学生思维发展,应该成为教师教学设计、教学实施、教学评价的关注重点。

"思维比知识更重要!"这是不争的事实。离开"思维"的"知识"就变成"死知识",而学"死知识"的过程当然就变成了"死学习"。"死学习"靠的是"机械重复",所以必然是枯燥的、低效的、令人厌倦的。更重要的是,"死学习"会使学生长期处于"浅思考"甚至"不思考"状态,从而导致思维能力发展受阻。

思维能力是学习能力的核心,提高教学效能的关键并不在于"知识重复的次数",而在于"挖掘与呈现知识背后的思维规律并训练学生掌握它"。只有这样,学生的思维能力才会在学习的过程中得到有效发展,同时对知识的理解才会更深入、更透彻、更系统,从而进入会学、乐学的良性循环。

在传统教学模式中,"知识加工"和"问题解决"的思考过程往往是不可见的,而且教师和学生都更多地关注答案,忽视答案的生成过程。然而,学生思维的发展并不来自"答案的累积",而来自"生成答案的思维方法和过程"。"答案的累积"只是增加了学生的"感性答题经验",而不能提高学生的"理性解题能力",所以当题目或题型一变,学生便无法应对,因为"感性经验"对不上号了。要提高教学效能,我们就必须变"强调答案"为"强调答案的生成过程",变"依靠感性经验答题"为"运用理性思考解题",而这就要求我们必须要把"看不见的"思维过程和方法清晰地呈现出来,以便更好地理解、记忆和运用。

如何用评价助力学生深度表达

王玉翠　卜庆振[1]

学生积极参与、深度表达的课堂才是好的课堂,这也是我们一直追求的课堂。要实现这样的课堂并不是一件容易的事,因此必须找到帮助学生深度表达的支点,评价就是这个支点。

一、目标达成评价,明确发声方向

刚参加工作的同事小边很苦恼——学生课堂上太活跃,以致于有时根本无法上课。下面是她的课堂片段:

师:小明上学快迟到了,路口遇上红灯,四周看了看没有车辆便迅速骑自行车通过。假如是你的话,你会怎样做?

生1:太牛了吧!

生2:哈哈哈……

生3:也不害怕被警察逮住。

……

这些学生发声了,但这种发声绝不是我们想要的发声,我们想要的是学生全身心投入课堂的深度表达。这就要求教师在设计课堂教学时明确教学目标,并用学生能听明白的、具体的语言表述。就这节课而言,可以这样表述:

> 1.借助视频和身边生活案例,小组讨论、总结自由与规则的关系,并用自己的话归纳、表达。
>
> 2.借助视频,结合自身实际理解自律、他律,并落实到实际行动中,比如遵守班级纪律、遵守交通规则、在人多的地方自觉排队等。

相信学生看了后就知道这节课要干什么,也就明确了表达方向。

---

[1] 王玉翠,山东省东营市河口区新户镇太平中学教师;

卜庆振,初中语文教师,曾获齐鲁最美教师提名奖、齐鲁文化之星儒学传承传播奖。

二、自我评价,使发声有针对性

(一)留给学生思考的时间,使表达成为可能

课堂上经常出现这样的问题:几乎不给学生留下思考的时间,即使有,一般也很短。不独立思考对学生而言就不会有真正的学习发生,对教师而言也就很难听到学生真正的声音。因此在课堂上,一定要给学生留出充足的思考时间。以"国家利益至上"的教学片段为例:

活动1:请大家根据自己的衣食住行举例说明什么是个人利益,结合课本案例以及自己了解的身边事,举例说明什么是人民利益和国家利益。

生:我想有好成绩是个人利益,希望环境好是人民利益,维护国家安全是国家利益。

师:你认真阅读了课本,并借助课本案例给我们说明了什么是个人利益、人民利益、国家利益,非常好。除了课本上的例子,哪位同学能结合自己的日常生活实际举例说明什么是个人利益?

(本来以为这应该很简单,可是同学们竟然一时举不出任何例子,课堂一时陷入寂静)

师:静下来想一想你有什么愿望?你的愿望是不是就是你的个人利益?

(老师提示后安静地等待。大约1分钟后,学生渐渐举手)

生1:去超市买自己喜欢的玩具、文具是个人利益。

生2:我想住上大房子是个人利益。

生3:寒假我想出去旅游是个人利益。

…………

因为给学生留出了思考的时间才没有破坏学生的课堂节奏,接下来才听到了学生的心声。

(二)设计自我评价量表,让学生更有针对性地表达

除了在课堂上留给学生独立思考的时间外,教师在进行教学设计时,也要根据学情、教学目标等设计出学生的自我评价量表,通过学生的自我评价来了解学生的知识水平、理解及运用知识的能力。在语文"'人物特点归纳及展示'阅读"一课中,针对"读书识人"环节,教师设计了以下评价量表让学生进行自我评价:

表1　评价量表

评价角度	填数字或打对号	得分标准	得星数量
能够准确用词语概括出人物至少两个特点	贾宝玉（　）个 林黛玉（　）个	1个1星	
能找出书中描写人物特点的语句	贾宝玉（　）处 林黛玉（　）处	1处1星	
能够从不同方面概括人物特点	衣着方面（　） 动作方面（　） 语言方面（　） 作者评价（　） 书中他人评价（　） 其他（　）	1个角度1星	
能把多个性格特点联系在一起综合分析	是否写出你对人物的整体评价（　）	1个评价2星	
完成人物特点图表	表达准确（　） 逻辑清晰（　） 形式美观（　）	准确记1星 清晰记1星 美观记1星	
合计：			

学生依据这个评价量表可以非常清楚地知道如何依据人物衣着、动作、语言等描写概括人物的性格特点，可以很快地统计出自己的得星情况，并发现自己的不足。当学生非常清楚而又具体地知道要做什么、做到什么程度时，他一定是可以发声的。

三、生生对话，使表达有深度

（一）教师要尊重学生差异，努力创设良好的对话氛围

学生的知识基础、语言表达能力不同，评价的水平就不同，作为教师，要接纳学生的差异。生生评价时不要随意打断，更不能表现出丝毫不屑。静静地做一位倾听者就好，通过听到的、看到的了解学生状况，为接下来的学生评价以及今后的教学提供依据。

（二）有意识地引导生生评价

课堂教学目标要通过任务、活动完成，教师要设计出让学生积极主动参加的学

习活动,并在学习活动中有意识地引导生生之间进行评价。例如历史课"开辟文明交往的航线"的任务安排:

> 任务:按下列要求完成新航路开辟的可行性分析报告。
> 1.结合材料,根据表格内的提示和要求独立完成。
> 2.小组内交换批阅,并根据组内意见进行修改。
> 3.根据要求,抽取组员作业在班级中进行汇报,其他小组评价、反馈、补充。
> 4.根据组内交流和班级对话结果,修改报告。

这个活动要求学生在独立完成的基础上先在小组内交换批阅,修改后再在班级内展示,然后再评价、再修改。在该活动中有两次生生之间的评价,第一次是组内成员评价,借助小组的凝聚力激发学生的参与意识,促进小组成员之间互帮互助;第二次是班级范围内的生生评价,这次评价是在第一次评价的基础上进行的,是更高水平的评价,长期坚持下去全班同学的评价能力肯定会越来越高。

四、在师生对话中迈向高阶思维

我们在课堂上倡导三句"口头禅":

面对个体学生:怎么做的?(过程与方法)为什么这样做?(验证与循证)还有没有其他方法?(发散与创新)

面对学习小组:不同的观点和理由有哪些?(引导与组织)协商后的结论或疑惑是什么?(呈现与探寻)与你们原来的思考相比有哪些异同?(串联与发现)

面对全班学生:这位同学(或小组)的观点你们同意吗?(比较对话)谁有补充或纠正?(拓展与矫正)应注意哪些问题?(归纳与反思)

这其实就是为教师在课堂教学中的师生对话提供了一个模板。我们来看《道德与法治》复习课上,让学生抽签讲解习题的课堂教学片段:

学生抽到的是一道价值判断题:在与人交往中,关键是学会表达,会不会倾听无所谓。判断并说明理由。

生:错误。善于倾听,就会被更多的人喜爱,有更多的谈话伙伴。

师:同意吗? 谁有补充或纠正?

(大家完全沉默)

师:好的,那我来问小老师——这道题只和倾听的意义有关吗? 价值判断题还应该注意哪些问题?

生:噢,噢,应该注意价值判断题可能不止考查一个知识点。还要阐述"表达"的意义,即学会表达是学会与人共处的重要内容,但是倾听在交往中也有非常重要的意义,学会倾听能够使我们更好地与他人沟通,能够扩大人际交往范围。

师:非常好,相信以后再做类似题目时你就不会遗漏知识点了。

教师在课堂上与学生对话时,不能随便说话、说废话,而是要适时地说关键性的话。在上面的教学片段中,当教师发现学生遗漏了知识点时,先是面向全体学生征求意见,当全班同学没有一人回应时,教师并没有乱了方寸,而是针对学生出现的问题进一步具体地提示"价值判断题还应该注意哪些问题",学生这时不但要回顾做这类题时应注意的问题,还要思考自己的失误在哪里并重新组织答案——这时候高阶思维就发生了。

詹姆斯·波帕姆曾经说过,课堂评价的一个重要功能在于它能够确定学生是否正在朝着教师预期的教学目标前进。教师要充分认识到评价的重要性,在教学中恰当地使用,帮助学生深度发声,从而使真正的学习发生。

专家点评:

文章提供了如何利用课堂评价推进学生深度思考与表达的样板。教师的专业实践包括课程、教学、评价三大领域,课程、教学、评价围绕学生学习构成一个系统。新教师可以从以下三个方面对照改进课堂评价。

一是切中肯綮,具有指导性。对于学生反馈的信息,教师要善于扮演一个"公正法官"的角色,及时给予精辟恰当的"判决",从而使学生对自己的学习效果和能力有一个科学的、正确的估计,进而明确不足,找出努力的方向。肯定性评价不能过于笼统含糊,否定性评价不可以简单化,要让学生"知其然"同时"知其所以然"。

二是饱含情感,具有激励性。教师要保护学生的自尊心和自信心,不断激励学生,给学生适时适当的肯定和赞许,让学生体验到成功的喜悦,从而使学生产生浓厚的学习兴趣。表扬要真实、要及时,要节制而不滥用。

三是要承上启下,引导探究。教师要用心倾听,留意学生的思维过程,结合教学流程的推进,有意设计问题,巧妙引出问题,延时回答问题,引发学生独立思考或合作探究,实现深度学习。

有效的课堂教学评价是整个课堂教学过程中不可或缺的组成部分。正如苏霍姆林斯基说的:"教师在课堂中的评价,极大程度上决定着学生在课堂上脑力劳动的效率。"新入职教师要精心设计好这"三言两语",最大限度地激发学生的学习兴趣和求知欲望,切实提高学生在课堂上的学习效率。

如何进行"教—学—评一致性"的设计与实施

朱丽华[1]

一、什么是"教—学—评一致性"

"教—学—评一致性"是近年来实现教学有效性的热点研究。"教—学—评一致性"简单地说就是教师的教、学生的学、课堂的评价都是一致的,即教、学、评必须指向学习目标。它们之间的关系就是:目标——把学生带到哪里去?教学——怎样把学生带到那里去?学习——怎样去那里?评价——怎么知道已经去了那里?这几者间的关系看似简单,但在现实课堂中,它们却常常背道而驰:教学目标形同虚设,教师只是把教学参考书上的教学目标复制到教案中而已;教师只忙着认真地"灌输",以为讲得越多学生就学得越多,总担心讲不完,并不关注学生学得怎么样;课堂上也不太善于倾听、利用学生生成性的回答,而更在乎学生是否知道答案、课堂能否顺利推进。"教—学—评一致性"是指向"学会"的研究。因为,教了,不等于学了;学了,不等于学会了。

二、"教—学—评一致性"的设计与实施

(一)目标是灵魂

学习目标是课堂教学的出发点,也是目的地。只有方向明确,教师的"教"和学生的"学"才可能大胆地往前迈进。

如何制订切实可行的目标呢?可以从课程标准、教材解读、学情分析三方面入手。《松鼠》一课是统编版小学语文五年级上册习作单元的精读课文。笔者首先考虑到语文课程标准对五年级学生阅读能力的要求:"阅读说明性文章,能抓住要点,了解文章的基本说明方法。"其次关注本单元的语文要素是:"阅读简单的说明性文章,了解基本的说明方法。"考虑到这是习作单元,习作单元精读课文的目的是在写作方法上为后面的习作奠定基础,于是笔者把学习的目标落到了发现方法并运用

---

[1] 朱丽华:重庆市璧山区凤凰小学副校长,高级教师,《课堂内外·创新作文》系列期刊特约编辑,公开发表文章10余篇。

方法上,并将这堂课的学习目标确定为:

1. 用思维导图梳理松鼠的信息,总结作者描写松鼠的方法。

2. 结合本文和已学过的说明文,运用相关学习资料,对比分析内容相同但表达风格不同的说明语言的特色。

3. 模仿本文,把文本资料"大熊猫"改写得生动有趣。

(二)评价是关键

教学有效性体现在目标的达成上。"教—学—评一致性"的课堂需要逆向设计,设计顺序为"学习目标—评价设计—学习活动"。这一点打破了我们原有的先设计活动最后进行评价的常规认知。

我们如何知道学生是否达到了预期目标?这就需要我们在设计完学习目标之后,思考用什么来证实预期目标的达成。达标评价即是一种很好的方法。它可以跟学习目标——对应,也可以一对多、多对一,但是"有目标就该有评价,有评价就该指向目标",是要坚持的基本原则。如《松鼠》一课的学习目标和达标评价(见下图):

学习目标	达标评价
用思维导图梳理松鼠的信息,总结作者描写松鼠的方法。	能用思维导图分条、完整地梳理松鼠特点。
结合本文和已学过的说明文,运用相关学习资料,对比分析内容相同但表达风格不同的说明语言的特色。	能通过看、读以及对比资料,发现两种不同说明语言的不同风格,并能说出不同的应用环境。
模仿本文,把文本资料"大熊猫"改写得生动有趣。	能运用生动有趣的语言说清楚大熊猫的特点。

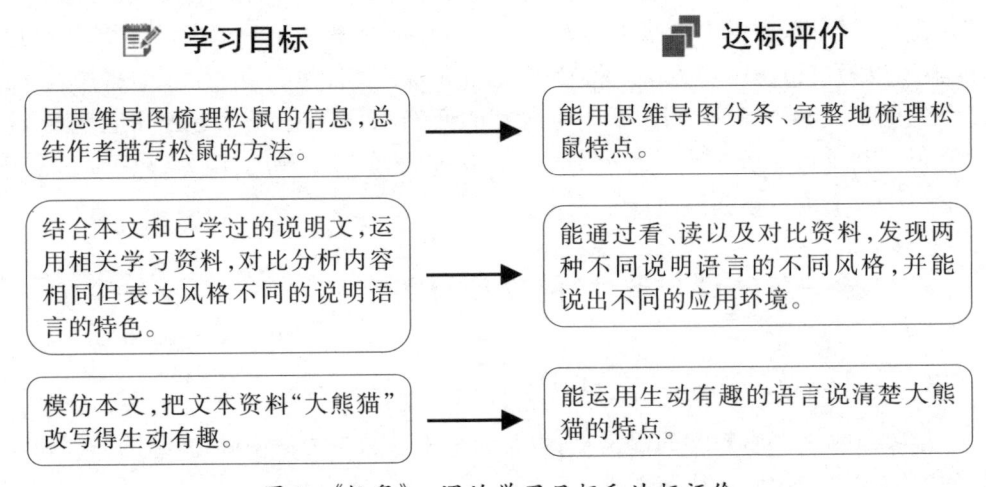

图1 《松鼠》一课的学习目标和达标评价

(三)学习活动是路径

1. 与学习目标相匹配

对应目标,我们设计了三个学习活动:第一个是梳理信息,知道布封是如何把松鼠说明白的;第二个是通过资料对比,发现不同说明文的语言风格;第三是学习布封的写作方法,练习描写大熊猫。这样的活动设计,让学习目标的达成变成了可能,课堂真正变成了学生学习的场所。

2. 搭建支架

理想是丰满的,但现实往往是骨感的。在学习活动中,学生达成目标的过程,并不会如教师设想的那样一帆风顺。儿童在从较低水平的认知向较高水平的认知迈进中,会遇到无数的思维"沟壑",这时就需要教师在活动设计中搭建不同的支架来帮助他们沿不同的方向发散思考。

比如在针对《松鼠》一课设计的活动一中,学生在实际操作中可能会遇到这样的困难:在分条记录松鼠信息时,不知道从哪些方面去提取信息并进行归纳。在活动二中,学生不知道从哪些方面去分析文字的不同。结合这样的预估,我们可以进一步细化活动设计,搭建活动支架——学习单(见下图):

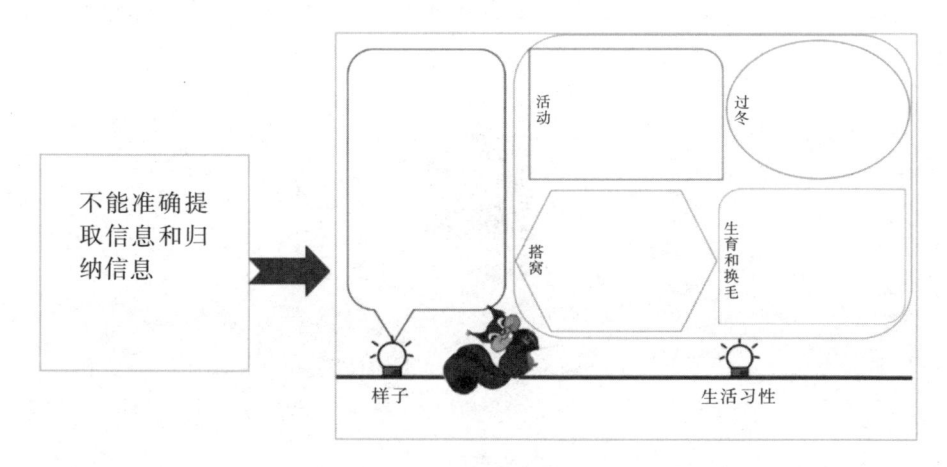

图 2 《松鼠》学习单

学习活动支架应指引思考方向,而不是让思维简化为记忆或形式上的简单模仿。这个学习单就给了学生思维上的指引:引导学生从生动的描写中提炼出准确的信息,并初步理解信息,知道课文描写了松鼠的哪些方面。

总之,"教—学—评一致性"强调的是学习目标、学习评价、学习活动三者内在的一致性,把评价镶嵌在学习的全过程中,并不断收集、研判、反馈学生的学习情况,实现学生的有效学习。

专家点评:

本案例展现了对目标、教学、评价的整体观照与系统设计。"教—学—评一致性"要求教学活动从纠缠于烦琐细节,走向在目标和评价导引下的有序开放。说"有序",因为它是聚向于学习目标的;说"开放",因为在目标明确的前提下,它不会背负太多的负担,因而是有空间的。在具体操作中,教学活动具体化为教学环节。

在"教—学—评一致性"的课堂中,教师时刻关注学生的学习与学习目标之间的差距,因此,对学习过程中产生的信息高度敏感。当评价任务落实的时候,各种各样的学习信息随即产生。这些信息是进行课堂评价的根据,新教师必须善于捕捉、收集,进而研判,在研判的基础上决定后续的教学活动,或继续,或调整,使教学既始终向着目标前进,又始终基于学生的学情,最终保证学生在目标引领下获得进步。

认识与实践"教—学—评一致性",可以给新入职教师奠定很高的教学起点:学习目标从似有若无走向核心统领,改变的是课堂目标观;课堂设计从始于教学走向逆向思考,改变的是课堂设计观;课堂评价从随心所欲走向理性导航,改变的是课堂评价观;教学活动从低效烦琐走向有序开放,改变的是教学活动观;对学习信息从熟视无睹走向深度关切,改变的是学生观。也就是说,"教—学—评一致性"其实给我们带来了理念的变革,让我们对课堂的思考建立在原理的层面,而不仅仅是经验的层面。

详细内容扫描二维码下载

如何判断一堂课是好课

韩宜奋

什么样的课是好课？对此，衡量的标准好像很多，评判条例也很细，但是如果真的用这些尺度来衡量，新老师往往会步步惊心、左右为难。所以，新老师不要人云亦云，不需盲目从众，要"放下包袱，开动机器"，深入思考，找到上好一节课的"公理"。其实，最好的东西往往是最简单的。衡量一节真正的好课很容易：教学相长，彼此成全，双方快乐。也就是说"快乐"和"成长"是一节好课的标配。

让我们回到起点，来看看为什么要上课：对学生而言，上课是要获得知识，培养能力；对教师而言，上课是要传道授业解惑。可见，在教学活动中，施受双方本来都应是快乐的。学生获得知识，解决疑惑，不断成长，是收获者，快乐是当然的，成长是必然的；教师传授经验，解人疑惑，被人需要，助人成长，高兴是自然的，进步是必须的。也就是说，教育活动不论从客观上还是主观上来看，"快乐"和"成长"都是首要的和最终的目的。但骨感的现实却往往"打脸"：一方面我们的课堂大多让人愉快不得，哪怕是考试成绩不错的学生，真正爱学习的也不多，真正的成长也不明显；另一方面，教师尽管是课堂的主导者，仍觉得负担大、任务重、委屈感强，总觉得付出与收获不对等，让人欣喜的进步也不显著。那问题出在哪里呢？——彼此不懂得！师生彼此不懂，教师与所教的学科彼此不通，学生与所学的知识之间缺少契合。在传统的课堂教学思维影响下，我们一直在无意识地让教学变成强迫和压制的对抗性活动。那么如何才能解决问题呢？

一、从"彼此懂得"的角度分析

教育本来就是"对症下药"的活动，孔夫子的"因材施教"就道尽了教育的多样性和差别性的特点。因此，教师要上好一节课，必须基于了解学生的个性特点、思维习惯、行为方式、心理状态、知识储备、能力素质、原生家庭、朋辈关系、审美情趣、三观等基本情况。唯有了解了这些，教学才能有的放矢，才是有效活动，教师才能走进学生的心灵，教学活动才能是师生间合奏出的和谐乐章，如此，施受双方才会是快乐的。这种快乐势必促进教学的高效落实，刺激学生学习内驱力的产生和创造力的爆发。同时，教师也在这样充满收获感的活动中获得职业的快感和前行的动力。举个例子，在接手一个新的班级后，我不会贸然去开展所谓的"讲课"教学，会先把时间花在对学生的基础、阅读、写作、书写、积累、喜好、个性、情感、三观等方面的了解上。这些了解都是通过系列体验活动获得的，特别真实自然。在这个过程中，我不但掌握了第一手资料，也因为跟学生在活动中发生的"有效碰撞"，产生了深厚的师生情感；更重要的是，也让学生在这个过程中了解了我，懂得了我的教学理念、风格、个性、能力、情感、三观……有了这样"彼此懂得"的基础，课堂教学自然能和谐融洽。

二、从教师对所教学科的懂得分析

学生为什么学这个学科？这个学科的精神和灵魂是什么？为什么布置作业？布置什么作业？作业布置的量和质如何界定？为何做了作业却考不好？做完作业后怎么办？每一节课的意义是什么？本学科该有怎样的系统性管理？如何进行课程的顶层设计？学生在教学中的作用是什么？学科学习的思维是什么？自己能否把学生带出困境？能否理解学生为何学不好的困窘？自己是否真爱所教学科？是否有教学的"必杀技"？是否有明了并为之坚守的教学理念？学生是否在自己的引导下爱上这个学科、提升了素质、培养了核心素养……作为一个教师如果没有这样的自问，是很难说自己了解所教学科，能上好一堂课的，让学生醍醐灌顶、豁然开朗就更谈不上了。因此，在开展教学前我们应该好好思考这些问题，切莫以己之昏昏使人昭昭。最后，教师还应问问自己，能否向学生展现学科的美好，能否为自己所教的学科代言。如果这些问题能得到根本的解决，学生在学习时才会快乐，才会真正获得成长。如此，教师获得的快乐和成长就更不言而喻了。如此准备的课，肯定是最受学生欢迎的课。

三、从学生的角度来分析

他们是否了解自己的学习习惯、学习特点、学习思维、学习方法，是否了解自己所学知识的系统，能否对所学专业进行科学的管理，能否对知识进行质疑辨惑，是否能真正听懂，能否开展研究性学习，有没有学习合伙人，有没有学习榜样，学习心态是否正确，能否掌控学习，有没有跨界的能力，能否总结规律，能否进行逻辑分析，是否对学习有更高的追求……这是我们在设计一堂课时应该关注的。

表面来看，上好一堂课教师需要付出很多，但如果真正做到了上面所说，其实最大的受益者是老师。因为每一届新学生的到来，都带着这个时代最新鲜的气息，他们向我们发出挑战，给我们最动态的刺激，促使我们不断成长。真正的好课，是彼此成全的，如果我们不能明白这一点，既错过最好的成长机会，也把学生拉回"昨天"，师生的不快乐就是必然的后果了。

专家点评：

定义一堂好课有不同的维度与标准，韩老师从师生共同成长的角度来定义优质课堂，值得重视。因为课堂教学本质上是指在特定的教学情境中，师生从各自的理解出发，以语言、动作或行为等为中介，以交往、沟通、意义为旨趣，取得更大视界融合的一种对话活动。对话不仅是一种交往互动，更是一种生命的内在诉求；不仅是一种信息交换，也是一种价值交换。对话中，师生得以共生共长。

如何设计学生乐意做的作业

冯栎钧[1]

布置作业是一门大学问，什么样的作业学生乐意做，是每位老师都在积极思考和探索的问题。笔者经过常年的教学实践，积累了一些思考和心得，与大家一起分享，期待大家批评指正。

一、作业有梯度

布置作业是为了检测学生的学习情况、知识掌握的程度，以更好地帮助他们查漏补缺。每个学生的情况都是不一样的，所以作业也需要有梯度。

（一）集体类别的作业

集体类别的作业包括基础的生字词的听写、关键句型的掌握等等。

从一年级上期的第三个月开始，笔者就在班级里实行"挑战七点钟"听写大赛。这个比赛的规则是，每天晚上7:00，老师都会在微信群里布置听写任务，学生自愿参加。

听写的内容：第二天要学习的生字词，这是为了预习；当天学习过的生字词，这是为了检查学习的情况；近一段时间学习的词语和句子，这是为了检查学生对知识的掌握情况和复习的情况。

听写的时间：每天晚上7:00—7:30。7:00，老师用语音的方式推送要听写的内容。学生在7:30以前将听写内容用拍照的形式反馈到微信群里。

检查的方式：列表格，将每位学生的错误标注在后面；对全班的情况做一个统计和说明；对集体的错误做出指导。

这样听写的好处，一是能提前掌握班级预习的情况，使第二天的课更有针对

---

[1] 冯栎钧，重庆市巴蜀小学语文教师，《少年先锋报》《课堂内外》《教育故事》杂志特约编辑。先后获得"第三届小学青年教师语文教学观摩活动示范课最高奖""第六届全国素养大赛一等奖及特长奖""重庆市第八届小学语文习作教学竞赛一等奖第一名"。开有个人公众号"冯栎钧是老师"。

性；二是检查当天及近期的学习情况，方便查漏补缺。

这一类基础性的学习需要班级集体掌握，采用统一时间、统一批改的方式更有效率。

（二）有差别的作业

有差别的作业分成两类：一是基础知识的掌握和巩固；二是拓展和提升，比如个性化的阅读和习作等等。

先说基础知识的掌握和巩固。在教学过程中，我们会发现有的学生天生不擅长分析和记忆字形。我们班的同学在低年级的时候就闹出过很多的笑话，比如，把"惭愧"说成是"斩鬼"，把"网吧"读成"双吧"，等等。究其原因，可能是学生遵循了形声字的原则，认字认半边；可能是学生混淆了相似字形的字；当然也有可能是因为学生没有听讲，完全不认识。究竟属于哪一种情形，需要搜集他常错的字进行研究。方法是，让每个人准备一个小本子，记录自己常错的字。对于错字多的同学，老师要经常检查他的错字本，有针对性地布置作业，可以是抄写，可以是造句，目的是帮助他记住这些必须要掌握的生字词。

再说拓展和提升。统编教材里新增了"快乐读书吧"这个栏目。阅读是极其个性化的东西，从性别方面来说，男孩儿和女孩儿的差别就非常大。大多数的男同学对科学、计算机、交通工具、武器等类型的书籍比较感兴趣；大多数的女同学对故事、童话、音乐等类型的书籍比较感兴趣。老师在布置作业的时候，一方面要根据男女生的差异来推荐阅读书目，另一方面要根据学生容易遗漏和欠缺的部分来推荐阅读书目。这一部分的作业，就是"集体的、有差别的作业"。

除了"集体的、有差别的作业"，还有"个体的、有差别的作业"。在教学的过程中，我们还会发现，有的小朋友有特别的天赋和才华，有的小朋友学习稍微有些困难。要根据他们的情况适当地减少或者增加作业量，让每个小朋友都乐于完成作业。

二、作业有特色

小朋友更有兴趣的是个性化的作业。班级的个性化作业有很多种，下面以基础类、阅读类和习作为例。

（一）基础类

常见的是识字小报。将小朋友容易出错的字写在一张A4纸上，配上图画和自己对这些字的理解，将小报张贴出来，每个月进行更换，大家在互相学习的过程中加深对生字的理解和掌握。

除了小报，还可以做成墙书、口袋书等等。形式的变化，会让作业变得更加有趣。墙书作业可以设计成过程性活动。找出本学期易错的生字词张贴上墙；接着全班分组进行挑战赛，从墙书上"抹"去不会错的生字词；最后比一比，哪个小组留下的生字最少，这个小组就获胜。"墙书""挑战赛"这样的形式，会让学习变得更加有趣。

（二）阅读类

阅读是我们与书本、与作者的对话和交流。阅读作业就是我们记录自己的思考，或者与他人分享自己看法的一种方式。

在阅读的过程中，可以让小朋友摘抄生字词，摘抄句子，写读书感悟等。除了这些，还可以画一画人物关系图，梳理一下整本书的情节，或者用思维导图的方式记录自己在书中的发现。

阅读完后，可以开展"我眼中的好书"推荐活动，让学生用3~5分钟介绍一本书的主要内容，将自己眼中的好书推荐给全班同学。推荐活动可以采用公开演讲的方式，还可以拍成微视频等，也可以排练成情景剧，再现一本书的重要情节，让学生有参与感。

（三）习作类

习作类的特色作业可以分成口头表达和书面表达两类。

在单元的学习中，有一部分内容是需要口头表达的，比如，写演讲稿、讲故事等等。在完成这些习作之后，留些时间让小朋友熟悉自己的稿子，然后开展班级演讲赛或者讲故事大赛，并根据小朋友的表现分发奖项。这类活动不但可以提升小朋友的表达能力，还会大大提高他们参与的积极性。

而写作离不开素材积累，教师可以在班级开展"百字作文"活动，小朋友们可以写，可以画，让小朋友们乐于书面表达。除了"百字作文"活动，还可以运用"班级漂流本"记录班里的新鲜事。高年级可以采用男女生各自记录的方式，也可以采用小组轮流记录的方式。因为全班同学都会参与，所以这样的记录会特别好玩儿。

当然，布置作业的方式还有很多种，这里抛砖引玉，希望能给大家提供一些实践案例，触发您更多的思考。

专家点评：

文章体现了冯老师对学生的尊重和对作业设计的重视。新入职教师容易重视上课而忽略作业设计。作业是学生利用所学知识进行实践的主要形式，是培养学生思维能力、分析能力和解决问题能力的重要途径，也是教学反馈的重要渠道，所以布置作业是教学中不可缺少的环节。作业设计应有目的性，要紧扣教学目标，把握学生的实际学习情况，让学生通过作业既能巩固课堂知识，完善知识系统，又能使思维能力得到进一步的发展。

新入职教师可以从如下方面去提高作业设计的水平。第一，变封闭性作业为开放性作业，调动学生的积极性。开放性作业是指突破书本狭小知识范围的限制而布置的作业。这种类型的作业没有统一的答案，不能单靠机械性记忆来完成，给予了学生一定的自我发挥空间，能较好地激发学生的兴趣，实现开拓学生思维的教学目标。第二，变规范、统一的作业为自主的、个性化的作业。针对学生的个人差异和个性特长，在作业内容的设计、形式的要求上可以给学生留下自主选择的空间，让学生在完成作业的过程中获得成就感和自豪感。第三，变独立完成的作业为合作完成的作业。新课程标准提倡"自主、合作、探究"的新型学习方式，这种学习方式应该贯穿于整个学习过程，在作业的布置中也应有所体现。合作并不一定是学生与学生之间的合作，还可以有学生与家长、学生与教师之间的合作。

作业是教师精心准备的送给孩子们的礼物，它为孩子综合运用知识、发展和表现个人天赋提供机会，使教学的影响延续到全部的生活之中。教师应该有高度的责任心，把自己修炼成为作业设计的高手。

如何考出核心素养

——以区八年级上数学期末质量监测试卷第24题为例

李洪兵[1]

现以本区八年级上数学期末质量监测试卷第24题为例，谈谈核心素养是如何一步步考出来的。

一、命题立意

纵观近十年来重庆市中考数学试题的命题特点，第24题基本为应用题（一元二次方程）。区近几年八年级上册期末考试题第24题也是应用题（分式方程）。由于该题具有选拔功能，需要较好的信度、效度和区分度，命题组在命制过程中始终围绕"能力"和"思维"，想把学生的真实水平考出来。在目标和理念的引领下，命题组确定以生活实际为背景，遵循"源于教材，又高于教材"的原则，同时突出考查学生的阅读理解能力和自主探究能力，考查他们用数学分析、解决问题的能力，从而了解学生的数学建模、数据分析、数学运算等数学核心素养。

二、素材选取

命题组秉承"源于教材，又高于教材"的原则，仔细研读人教版八年级上册数学教材，选取人教版数学教材八年级上册第十五章分式方程的练习题作为改编母题："两个小组同时开始攀登一座450米高的山，第一组的攀登速度是第二组的1.2倍，他们比第二组早15分钟到达顶峰。两个小组的攀登速度各是多少？如果山高为 h m，第一组的攀登速度是第二组的 a 倍，并比第二组早 t min 到达顶峰，则两组的攀登速度各是多少？"

三、创作历程

考虑到此题有点儿难度，所以命题时只选取了此题的前半部分。这样的行程

---

[1] 李洪兵，重庆市璧山区教师进修学校初中数学教研员，正高级教师，重庆市学科带头人，重庆市学科名师，璧山区李洪兵工作室主持人。

问题对于全体学生而言都属于应知应会的双基题型。

初稿 两个小组同时开始攀登一座450米高的山,第一组的攀登速度是第二组的1.2倍,他们比第二组早15分钟到达顶峰。两个小组的攀登速度各是多少?

【分析】删去了原题的后半部分,降低了试题难度,适合全体学生。基于培养学生"用数学眼光观察世界"的数学素养,所以命题组决定在这个题干上"动手脚"。联想璧山近一年的大事件,最后落到"轻轨1号线2019年12月29日将到达璧山"这个划时代的喜事上。结合报纸、网络、电视上"11月19日轨道1号线尖顶坡至璧山段不载客试运行进展顺利"的热门新闻改编如下。

第2稿 2019年11月19日,轨道1号线尖顶坡至璧山段不载客试运行进展顺利,建成通车后,从璧山到大学城只需5分钟,到重庆主城商圈只需半小时。在当日的调试过程中,两列轻轨都行驶45千米的路程,第1列轻轨的行驶速度是第2列轻轨的1.2倍,它比第2列轻轨早5分钟到达。两列轻轨的行驶速度各是多少?

【分析】给题目"穿"上了"华丽的外衣",增加了文化和现实背景,考查了学生的阅读能力和提取关键词的能力。此处选取了璧山通轻轨的大事件,学生在考试中看见家乡的重大变化,家国情怀油然而生,因此,此题还兼顾了数学学科育德的功能。但是这个题放在期末监测试卷第24题还是过于简单,体现不出选拔区分的功能。考虑到重庆市中考第24题都设置了两个问题,问题难度层层递进、螺旋上升,所以还必须增加第2问。

第3稿 2019年11月19日,轨道1号线尖顶坡至璧山段不载客试运行进展顺利,建成通车后,从璧山到大学城只需5分钟,到重庆主城商圈只需半小时。在当日的调试过程中,两列轻轨都行驶45千米的路程,第1列轻轨的行驶速度是第2列轻轨的1.2倍,它比第2列轻轨早5分钟到达。

(1)两列轻轨的行驶速度各是多少?

(2)在载客稳定运行时轻轨的速度一般控制在(1)中第2列轻轨的速度。轨道1号线尖顶坡至璧山段正式运营后,家住轻轨璧山站附近的小李将上班方式由自驾改为了乘坐地铁。已知他从家到达上班地点,自己开车时要走的路程为30千米,而改乘地铁后走的路程为15千米,并且他自己开车的速度是乘坐地铁速度的$\frac{2}{3}$,那么现在小李乘地铁比自驾可以节约多少时间?

【分析】经过改编,问题呈现有了梯度,但是第2问过于浅显了。联想到重庆市中考第24题第2问都是含$a\%$的方程,所以再次改编如下。

第4稿(定稿) 2019年11月19日,轨道1号线尖顶坡至璧山段不载客试运行进展顺利,建成通车后,从璧山到大学城只需5分钟,到重庆主城商圈只需半小时。在当日的调试过程中,两列轻轨都行驶45千米的路程,第1列轻轨的行驶速度是第2列轻轨的1.2倍,它比第2列轻轨早5分钟到达。

(1)两列轻轨的行驶速度各是多少?

(2)在载客稳定运行时轻轨的速度一般控制在(1)中第2列轻轨的速度。轨道1号线尖顶坡至璧山段正式运营后,家住轻轨璧山站附近的小李将上班方式由自驾改为了乘坐地铁。已知他从家到达上班地点,自己开车时要走的路程为30千米,而改乘地铁后走的路程为15千米,并且他自己开车的速度是乘坐地铁速度的$\frac{2}{3}a\%$,现在小李乘地铁比自驾节约了20分钟,求a的值。

四、来自阅卷场的报告

表1 本题在全区的得分情况

题号	分值	平均分	难度	区分度
24	10	5.73	0.57	0.51

表2 本题在新教师所带班级中的得分情况(以30位新教师任教班级为对象)

题号	分值	平均分	难度	区分度
24	10	2.81	0.28	0.62

表3 本题在新教师所带班级中的答题情况

题号	典型错误	错因分析	阅卷教师建议
24	1.设未知数时不写单位; 2.所列方程中单位不统一; 3.分式方程不检验; 4.量与量之间关系不明确	1.审题不细心、周全; 2.解题基本步骤不熟; 3.对题中数量之间的关系分析不清	在平时的学习中,注意培养学生分析量与量之间的关系,以及仔细审题的习惯,解题步骤要周全

对比以上表格我们可以发现,新教师所带班级的学生答题平均得分比全区平均得分低了近3分,学生普遍感觉有点难,特别是第2问几乎无从下手。由此可以得知新教师最后复习阶段有重视教辅资料轻视教材的迹象。

五、给新教师的教学建议

(一)推陈出新,发展学生的核心素养

新教师在教学复习中,要重视对教材中的例题、习题进行再创造,推陈出新,多设计一些情境性试题,把散乱的知识"串联"起来,融入区域和时代热点,这样能激发学生的探究欲望,让学生感受到数学的魅力,让例题、习题真正在培养学生核心素养的课堂上活起来。

(二)改编演化,强化学生的创新意识

很多试题都是以教材中的例题、习题为母题,经专家精心打磨而成的,在思路和方法上具有类比迁移和拓展探索的特点。这就告诉新教师在平时的解题教学中,要发挥自己的教学智慧,创造性地使用教材,特别是最后复习阶段一定要回归教材、重视教材。通过改编、拓展等手段,引导学生在探究过程中积累解题经验,总结答题方法。

专家点评:

进入21世纪后,在经合组织、欧盟的"核心素养"和美国的"21世纪技能"的影响下,世界各国都开始重视发展学生的核心素养或者关键技能。学生的学科素养遂成为教育质量监测的核心指标。例如,国际学生评估项目(The Program for International Student Assessment,简称PISA)的数学素养测评框架分成三个维度:内容维度、过程维度和情境维度。在PISA中,数学素养强调的是公民运用数学的能力,即运用数学解决现实问题的能力。97%的PISA数学素养测试题都是依据真实情境而设。PISA的数学素养测评分三步:(1)数学化(公式化、系统化)地表示情境(Formulating situations mathematically);(2)调用数学的概念、事实、程序和原理(Employing mathematical concepts, facts, Procedures, and reasoning);(3)解释、应用和评价数学的结果(Interpreting, applying and evaluating mathematical outcomes)。

璧山区八年级上数学期末质量监测试卷第24题,内容源于教材,以"轻轨璧山站"创建问题情境,考查学生列方程建模解决真实生活问题的能力。题目的选择和改编过程,基本上符合了PISA数学素养测评的维度,体现了先进性。改编过程翔实,有利于新教师模仿、学习如何命题。李洪兵老师用来自阅卷场的数据分析、诊断出了新教师教学中的诸多问题。新教师教学的学生该题得分率为28.1%,远远低于平均得分率57.3%。其典型错误是"量与量之间关系不明确""分式方程不检验"等,说明新教师教学中没有重视数学过程的数学化。

如何听课评课

冯栎钧

听评课对于年轻老师来说不太容易。究竟一节怎样的课才算好课？怎样的教学目标才是设置精准的目标？什么样的活动才是促进学生思维发展的活动？怎样的课堂才是有效率的课堂？现以海口统编教材培训会上郭蕾老师的《为中华之崛起而读书》一课为例，以期为新教师们提供参考。

一、听评课的要素

听课的时候，可以从以下几个方面来评价。

一是版块的设置；二是时间的分配，即每个环节所用的时间是否合适；三是教师活动，如教师提了哪些问题等；四是这些问题属于什么类型，针对学生思维的哪个层次；五是学生活动，如学生是用什么方式去思考问题、反馈信息或者参与活动的；六是课堂教学的效果以及听课人的感受、感悟。

二、听评课的具体环节

这节课推进的过程和评价的环节如下（见表1）：

表1 《为中华之崛起而读书》的教学过程及评价

版块	时间	问题类型	教师活动	学生活动	我的感悟
题目	9:20	聚焦信息 流利度	1.能结合预习说说对题目的理解吗？ 2."崛起"是什么意思呢？ 3.说得真好。题目是谁说的话？ 4.齐读课题	1.我认为这句话的意思是，为了我们中国的崛起而读书。 2.我觉得"崛起"的意思是，赶走外国的侵略势力。 3.周恩来。 4.齐读课题	开课干净、舒服，学生对课题的意思理解到位，齐读课题的方式不错

续表

为中华之崛起而读书
执教　郭蕾

版块	时间	问题类型	教师活动	学生活动	我的感悟
检查预习	9:23	流利度	1.朗读生字词所在的段落。 2.愿意读的起立读。 3.同学们读得真好,一点儿错误都没有。在这些读书志向中,不太好理解的是? 4.看来,大家没有查字典,我来告诉你们,门楣是指大门上的横栏。想想"光耀门楣"是什么意思? 5.对的。谁来读读这个部分? 6.非常了不起,读得清晰、流利,还有自己的情感。这部分,谁来读? 7.魏校长在这些志向中更赞赏哪个? 8."此生"指谁? 9."效"是? 10.自读第二部分的生字词。 11.谁来在全班读一读? 12.通过读生字词所在的段落,老师发现大家预习得很好	1.学生朗读。 2.抽学生朗读。 3.光耀门楣。 4.是"光耀整个家族"的意思。 5.生读。 6.生读。 7.更赞赏周恩来的志向。 8.周恩来。 9.仿效,模仿,要学习周恩来。 10.生自读第二部分的生字词。 11.生读	到了四年级,小朋友的预习情况也不一定很好。老师通过一部分一部分检查的方式能发现学生在学习中的难点。在课堂上能看到学生真实的情况,也能看到学生的成长。课堂需要琅琅的读书声。对于"光耀门楣"的引导解释很不错,关注了学生学习的难点

续表

版块	时间	问题类型	教师活动	学生活动	我的感悟
			为中华之崛起而读书 执教　郭蕾		
默读，尝试把握主要内容	9:33	聚焦信息	1.带着问题默读，边读边思考，课文讲了哪几件事？ 2.(关注学生情况)讲了两件事还是三件事？ 3.我们现在有三个答案。在第一件事上，三位同学观点一致	1.生默读，带着问题读，思考课文讲了哪几件事。 2.生1:我觉得讲了三件事，第一件事是新学年开始的时候，上修身课；第二件事是伯父告诉他不要去租界；第三件事是周恩来去了租界。 生2:我认为上修身课是第一件事；第二件事就是周恩来闯进了租界。 生3:我认为讲了两件事，第一件事和他们说的一样，第二件事是讲他们来到沈阳以后发生的事	教师在聚焦信息这个训练点上是很到位的，学生能根据老师的提示在课文中仔细寻找正确的答案。 从这个过程中能看出，学生之间也有很大的差别。有的小朋友在寻找信息的时候，因为对字词的理解不当，不容易发现文中的细节，教师要有针对性地进行指导
按时间说明主要内容		聚焦信息	带着"什么时间、什么地点、发生了什么事"的思路阅读第一部分，你有什么发现？	学生阅读第一部分	关注时间、地点的变化，就能非常清楚地知道一件事是怎么发生的

续表

为中华之崛起而读书 执教 郭蕾					
版块	时间	问题类型	教师活动	学生活动	我的感悟
按人物示例说明主要内容		简单推理	1.(12岁那年)这个部分按时间特别不好分。为了让这件事更清楚,我们可以把同一时间、同一地点的人物放在一起。大家试试看。 2.我知道了,你把"背"的读音读错了。这个字在这里读四声,不是一声,指"瞒"。伯父都不让他去,他怎么能背着伯父去呢?	生尝试归纳同一时间、同一地点的人物	归纳方法放在这里特别合适

续表

为中华之崛起而读书
执教　郭蕾

版块	时间	问题类型	教师活动	学生活动	我的感悟
说清三件事的主要内容	9:47	统整信息	请把第一件事说清楚。 2.你可以学着刚才的方法，把干扰的信息去掉，尝试概括第二件事和第三件事的主要内容，并和同桌相互交流。 3.谁来说说第二件事？ 4.你犯了个大错误。要抓住主要人物来说。 5.第三件事？ 6.好厉害，运用到了刚学的方法，抓住主要人物的主要事件，体会到了"中华不振"（板书）。 7.思考如何将三件事连贯起来说。 8.用坐姿告诉我，你知道了主要内容。把三件事连起来说。 9. 我要表扬他，他知道所有事情间的关联	1.生1:修身课上，魏老师表扬了周恩来"为中华之崛起而读书"的志向。 生2:修身课上，周恩来立下了读书的志向——"为中华之崛起而读书"。 2.同桌交流主要内容。 3.伯父带着周恩来到东北上学，伯父告诉他，不能随便去玩儿。 4.周恩来听伯父说"中华不振"，不太明白。 5.周恩来在外国人生活的地方，体会到"中华不振"。 7.生思考。 8.12岁那年，周恩来体会到"中华不振"，后来他上学的时候，说要"为中华之崛起而读书"，因为他在租界看到了"中华不振"	第一件事情比较清楚，以这个为例，抓住主要人物来说清主要内容，训练扎实。能看到学生的成长。 个人觉得，可以在学生没有抓住主要人物的时候先打断。锁定训练目标

续表

			为中华之崛起而读书 执教 郭蕾		
版块	时间	问题类型	教师活动	学生活动	我的感悟
捋清三件事的关联	9:56	统整信息	1.现在我们需要把每件事的关系捋一捋,自己读一读,看看三件事的关系是什么? 2.我听到你说"前面",这个"前面"就是第一件事发生的原因。 3.那好,你就用因果关系来说一说 4.自己试着说一说三件事的主要内容,可以先说第二、第三件事,再说第一件,也可以三件事连起来说。试试看	1.第一件事是他要"为中华之崛起而读书",第二、第三件事发生在第一件事的前面。 2.这三件事是因果关系。 3.伯父告诉周恩来,有些地方被外国占据了,不能去玩,"中华不振"。有一天周恩来背着伯父去租界地,看到"中华不振"。最后他立下了"为中华之崛起而读书"的志向。 4.学生练习说主要内容	统整信息对于四年级的小朋友来说特别困难,老师通过梳理三件事的关系,给学生搭建了一个支架,通过"之所以……是因为",或者因为"……所以……",将前后三件事关联起来,降低了难度,训练有效果
总结	10:00		我们可以通过把握主要内容初步理解周恩来的志向。我们还可以接着学习这篇课文,了解他是如何成为国家的好总理的		从本节课的知识点入手总结,引发学生的期待,不错

三、听评课的价值

通过仔细阅读课例大家应该明白了，一节好的课一定是能引发学生思维的课。思维有不同的层级，教师既要帮助学生解决基本的生字词，还要帮他们学会推理，学会统整信息。一节好的课，还要针对人人，让每个孩子都参与进来，都有提升，这样的课堂才是我们追求的课堂。

专家点评：

听课评课是学校日常教研活动的一个基本形式，也是新教师必须学会，从而从容地参与学校教研活动的一项基本技能。评课更是新教师提升自己教学专业素养的一个重要途径。听课评课，就得有一个"评"的标准，那么"评"的标准是什么呢？显然，应该首先考虑"有效的课堂教学行为"的共性特征，再考虑具体课堂的特殊情境。那么"有效的课堂教学行为"的共性特征又是什么呢？由于在有效的课堂教学行为标准研究领域，国内目前的状况是思辨研究很多、实证研究不多，以致有很多不同的课堂教学评价标准出现，尚未达成专业共识。冯栎钧老师通过上述课例，总结的"一节好的课一定是能引发学生思维的课……一节好的课，还要针对人人，让每个孩子都参与进来，都有提升"这两点是非常中肯的，对新教师有帮助。

如何利用微课让教学锦上添花

万家琴

一位乡村英语教师告诉我,期末,她去北京学习了一个月,学生的平均成绩居然从70.3分提高到了90分,提高了近20分！ 2017年,我在一所乡镇小学担任四年级某班的班主任并教语文,班级语文初始成绩为学校第5名。不巧的是第一学期大多数学生得了水痘,二十几个学生1个多月没到学校,但这个班学生的语文成绩不仅没有下滑,反而从原来的第5名上升到第2名！ 2019年,璧山区凤凰小学的一位新老师参加赛课居然拿了重庆市的一等奖……你是不是觉得不可思议？

作为新教师的你是否已经猜到了我们所用的法宝了呢？那就是精彩而有质量的微课。下面,我们就从它的定义、开发、运用三个方面来说说。

一、什么是微课

胡铁生等人认为,微课又可称为"微型课程",是建立在学科知识点的基础上,构建和生成的新型网络课程资源。微课以"微视频"为核心,包含很多与教学配套的扩展性或支持性资源,如微练习、微教案等。

二、怎样开发微课

要想做到用微课精准服务教学,需要经过深思熟虑,遵循简单、有趣、实效的原则。微课首先需要有优秀而有创意的设计。你是不是觉得有点困难？不用担心,我们的目标就是把复杂的问题简单化、简单的问题流程化。

(一)怎样快速有效地进行设计

微课一般由题目、目标、引入、主体、总结五部分组成。让我们一起来看看以下这份微课设计吧！(见表1)

表1 《借人表扬》微课设计

事项	具体内容
标题	借人表扬
目标	让老师知道并且会运用借人表扬的方法激发学生学习。
问题引入	每个人在获得进步或取得某项成就时,都希望得到肯定和关注,怎样让学生产生被关注的感觉呢?
故事案例	上初二的小方过去写字不认真,大家都不认识他写的字。在班主任李老师的帮助和鼓励下,他进步很快,字写得越来越工整。 李老师找到校长,让校长帮一个忙。第二天校长看见小方便叫住他说:"你就是小方吧?我们都知道了,你进步很快,字写得认真,很好!一定要坚持。"小方十分开心,非常感激班主任李老师。
方法提炼	1.发现学生的具体优点。 2.请身边领导或同事协助表扬。
拓展运用	测试题 1.在借人表扬这一方法上,老师主要充当什么角色? A好事传播者 B严格要求者 C奉献者 D反思者 答案:A 2.借人表扬是非常有效的,其背后反映了学生什么需求? A生理的需求 B成长的需求 C被关注和肯定的需求 D发现的需求 答案:C

你是否已经发现了微课设计的关键点?一是题目要简单明了,让人一看就明白讲的是什么;二是问题描述精准,过程清楚;三是素材有新意,有代表性;四是方法策略提炼要准确、好记;五是要有创新,所选主题或策略不要都是大家熟悉的。

(二)怎么制作微课

这个可以运用的工具就太多了,AE、绘声绘影、来画、PPT、爱剪辑、乐秀、小影……这样的视频编辑软件着实数不胜数,这里就说最简单的吧!

1.PPT转化为视频。根据你的教学设计做好PPT,点击"录制幻灯片演示"(配音)—点击"另存为"—点击"保存类型"为"视频"—点击"保存"就完成了视频的制作。你看是不是超级简单?

2.手机拍摄录制。记住这个口诀:"手机横着拿,镜头在左边,右手来控制,双臂微微夹。"注意一定要顺着光线拍,稳定地拍。可以在拍之前数上三秒再开始,还可以采用三脚架、支架等作为支撑。

从录制角度来讲,出镜讲解、白纸彩笔、拍景解说、手机录屏都是可以的,主要还是以突出微课的主题为目标。以白纸彩笔录制为例,应注意:一是尽量选择安静的环境录制,近距离进行配音。现在的手机录音效果都还是很不错的,也可以采用专用的录音笔。二是防止画面抖动,这就要求支架、三脚架质量要好。三是保持纸张不动,可以在桌上将纸张固定。四是以宽屏的模式录制。

3.微课的片头片尾设计。一般的微课都是有片头片尾的。片头可以用一些合适的视频模板来制作,题目一定要醒目。片尾一般要写明主讲人、单位、时间。为了更好地保存你的微课资源,建议以"姓名—学科—专题—标题"的方式进行保存,如"李小芳—小学语文—美句欣赏—春天"。

三、怎样运用微课

课前、课中、课后都可以运用微课作为教学的有效补充。

某位老师做了三件事:第一,开发自己的微课,即将常态化学习的内容录成小视频,做成系列微课;第二,把微课发送到班级QQ群或微信群,与学生和家长互动;第三,鼓励学生录制学习视频,上传到班级QQ群或微信群,教师点评、点赞。一个月过去,效果好得出乎意料。其实百度传课、网易云、蓝墨云班课等网络平台也可以成为教师运用的工具。不过,老师们不能完全依托视频教学,因为视频教学缺乏与学生面对面的情感交流。

微课为什么会带来较好的教学效果?微课达人李玉平老师认为大致有这两个方面的原因:

第一,技术。将常态化学习的内容制作成了微课程,基本实现课程开发与工作同步,教师不用再花更多的精力去开发课程,节约了时间与精力。

第二,参与。学生参与微课制作本身就是一种高质量的学习。

希望微课成为你教学的好帮手,为你的教学锦上添花。

专家点评:

美国新墨西哥州胡安学院的高级教学设计师、学院在线服务经理David Penrose最早于2008年提出了"微课"(Micro-lecture)概念,并将之运用于在线课程。在国内,"微课"一词最早由佛山市教育局信息中心胡铁生研究员于2010年提出。当时该概念指的是,为了改变已有的课堂实录式的教育视频资源利用率不高的情况,教育视频制作部门改变以往的教学视频(通常为40~45分钟)制作模式,以某个知识点或教学活动为单位,将教学视频制成长度较短的(10分钟左右)新型教学视频资源。万家琴老师对微课的功能和制作方式进行了介绍,简单、易懂、可操作性强,给青年教师提供了很好的参考。

笔者认为,微课是人类的信息记载、呈现技术或称表达技术及信息传播技术产生重大突破后,以人的学习规律为基础而产生的一种以视频为主要载体、以网络传播实现教与学互动的新型教育形式。其中视频的长短由学习目标、知识类型及学习者的认知特点决定,并无一定之规。这种新兴的教育形式具有不受时间、地点、人群局限的特征,具有灵活性、广泛性、普适性等特征。它的流行和普及将重塑整个学校教育的面貌,持续提升教育质量。

第三篇　角色适应与专业成长

要想学生好学,必须先生好学。惟有学而不厌的先生,才能教出学而不厌的学生。

——陶行知(中国人民教育家、思想家)

如何面对挫折

曾艳[1]

一、这条路，选错了

王老师带着美好的愿望走上教师岗位，可理想很丰满，现实很骨感。角色转换的不适应，教学任务和班级管理的千头万绪，让他手忙脚乱。他每天不仅要面临繁重的教学任务，还要挤出时间去钻研业务，这样才能在同行中"冒"出头来。工作不久，王老师心理上就出现了严重的不平衡。他看到以前与自己成绩差不多的同学或考上了公务员，或自己创业当上了老板，而自己竟然做了一名教师，工作又难又累。王老师的心里一度愁云满天，工作积极性也大打折扣。

作为新老师的你，能说说王老师为什么会出现这样的情绪吗？

教导主任李川（化名）了解到王老师的现状，对他的想法进行了分析：王老师没有正确认识教师的职业价值，正确理解自己所从事工作的意义，把教师这个职业当成了一种"饭碗"，把教育看成了负担，遇到困难和挫折就想退缩。那如何帮助王老师认识到自己的价值呢？李主任首先给他讲了无论是公务员还是老板都会遇到困难，让他意识到没有人能轻轻松松地成功。然后给他三个建议：一是既然选择了教师这一职业，就用心投入，肩负起自身的使命；二是调整心态，明白实现人生价值的途径是多元的；三是遇到挫折，要用顽强的毅力和决不轻易服输的精神去克服，不要被困境压倒。

二、努力了，不见效

听了李主任的意见，王老师有了自己新的思考。接下来我们再看五年级三班的康老师遇到的麻烦。

康老师的班级负责的清洁区是第一楼与第二楼间的楼梯间和走廊，学生来来往往，垃圾很多。午自习前，值日的同学刚把楼梯间打扫干净，等到卫生检查时却

---

[1] 曾艳，重庆市璧山区正则中学美术教师，德育处副主任、团委书记，璧山区美术现场赛课一等奖获得者，主研多个市级、区级课题，多篇文章发表在《今日教育》《重庆教育》，多篇论文获得市、区一等奖，指导多名学生获得市、区级一等奖。

发现楼梯间出现了糖纸,在日常行为规范考核中,康老师的班级被扣了0.1分。对于这种事,康老师不好责怪学生。所以第一次被扣分时,他笑笑,吩咐值日生要把垃圾打扫干净;第二次被扣分,他有些生气,埋怨自己的无能为力;第三次被扣分,康老师有些愤怒;当第四次被扣分时,满腔的怒火让他眼睛发红。因为检查前他已叫4个学生花了20多分钟去做保洁,可还是被扣分。康老师觉得楼梯间清洁真难做,总不能叫学生一直守在那儿!他真想撒手不管。想想自己每天都花心思在班级管理中,用了那么多的时间、精力,却得不到应有的回报,他很难过。

康老师的问题,看似是连续被扣分,心里感到委屈与愤怒,实际上是多次达不到预期目标而受到挫折。同时,他过于看重结果,造成了自己情绪上的困扰。

怎么办?看着一脸挫败感的康老师,李主任给出了三条妙招:一是强化本班学生行为习惯养成教育,倡导人人都做环保志愿者,随时捡起地上的垃圾;二是调整心态,坦然面对遇到的困境,认真分析垃圾的来源,向年级组班主任请教习惯养成教育的策略和路径,寻求大家的支持与帮助,并主动学习其他班公共区域的管理经验;三是重视过程,发现问题及时分析、及时改进,逐步实现学生行为的转变、习惯的养成。

带着李主任的妙招,康老师调整策略,班级卫生出现好转,年级组班主任也在不断强化对学生的习惯教育,大家协同做好了公共区域的保洁工作。

三、想关心,遭排斥

陈老师是一名初一数学老师,和与他搭班的班主任同在一间大办公室。平时陈老师大大咧咧,聊天中即使有学生在场,他也会把一些学生的表现跟班主任说。班上的丽丽成绩差,不听话,陈老师在办公室把丽丽平时的表现反馈给班主任。临近期末,陈老师在上面讲得热火朝天,丽丽却在下面化妆、弄指甲、画画,就是不听课。无论是上课提醒,还是私下沟通,丽丽就是不听课。后来丽丽的好朋友告诉陈老师,丽丽听到陈老师把自己平时的表现告诉了班主任,她认为陈老师是在跟班主任告状,她讨厌陈老师。现在陈老师觉得很有挫败感,他很想把丽丽教好,但是丽丽处处和他对着干。

陈老师的问题,看似是学生不听老师的话,老师无法管教,实际上是陈老师跟班主任谈话时没有注意内容、时间、地点、场合,伤害了学生的自尊,从而让学生产生厌学的情绪。

和陈老师一起搭班的历史老师姚彤(化名)则跟学生关系非常融洽,孩子们都喜欢他。我们来看看姚老师的相处法宝:一是如果某个学生存在问题,姚老师会先单独跟学生交流,化解问题;实在化解不了,他会和班主任一起商量解决的办法。二是姚老师在跟班主任交流学生情况时,尽量不当着学生的面进行评说。三是交流过程中,姚老师也会把学生的闪光点一起说出来,他更关注学生昨天和今天的对比。四是他非常注重保守学生的小秘密、师生共同的秘密,所以孩子们都信任他,都愿意把自己的事情告诉他。

看了姚老师的做法,你是不是豁然开朗?

作为一名新教师,踏上工作岗位时我们满怀抱负与理想。当挫折汹涌而至时,我们必须面对挫折,正视它的存在,清醒地问自己:我在做什么?我想要的结果是什么?我的状态如何?如何调整状态才能达到我要的结果?面对多次努力仍无法实现的目标,就要选择调整或毅然放弃。面对挫折,必须有正确的价值观,以及克服困难的决心。只有这样,才能在挫折面前保持开朗的性格、豁达的胸怀,才能在新的活动领域中重新找到实现自身价值的有效途径。

专家点评:

挫折通常指个体在从事有目的的活动过程中遭遇的困难或问题。挫折会导致个体产生委屈、愤怒、沮丧等负面情绪。

ABC情绪理论认为,对事物的看法是引起情绪和行为的直接原因。王老师认为教师职业又难又累并且没有前途,从而产生挫败感和工作不积极行为。改变王老师对教师岗位的认知,让其正确理解教师这一职业的价值,树立正确的职业态度,这是比较科学有效的方式。

康老师因为班级卫生屡次"被扣分"而心生愤怒,对此,最好的办法就是调整心态,寻求解决问题的路径。

第三位陈老师因为师生关系产生挫折情绪,其最需要做的就是处理好与学生的关系,向和同学相处良好的老师学习借鉴经验是非常明智的选择。

总之,新手教师进入岗位,首先要树立正确的职业观、价值观;其次要适应环境,学习灵活处理问题;再有就是适当降低目标要求,或者将目标分解,逐渐实现;最后,需要通过阅读和向优秀教师请教学习等方式提升自己的抗打击能力。

如何消除误解

万家琴

新教师在刚入职时,面对学生、同事等的误解该怎么办呢?

一、三个锦囊化误解

我担任初一年级的班主任时,班上转来一位新同学,他叫李小飞(化名),他爸爸妈妈帮他办好报名的手续后就乘坐飞机离开了。当天下午教导处主任把我叫去训话:"你班刚来的李小飞同学对你很不满呀,在寝室大吵大闹,说你这个班主任很不负责,很瞧不起他,坚持要转学。你要注意呀,你去处理下吧!"这真是天上掉下来的麻烦,我惹着他了?我在脑海里反复地搜索与他有交集的点点滴滴,试图弄清楚到底是哪里出了岔子。好像只有在教学楼随口问了他住哪间寝室,他支支吾吾半天,最后说记不到了,我冲着他笑了笑表示安慰便离开了。难道这也错了?

作为一名新教师,真是满肚子的委屈,我赶紧请教老教师曾永泽(化名),向她述说自己的倒霉。她笑了笑,问我:那你希望得到一个什么样的处理结果呢?我想了想,当然是让这个孩子不要误解我、不要转学,领导也不要误会我。这个时候曾老师给了我三个锦囊,说:"深呼吸三下,把第一个锦囊处理好后再打开第二个锦囊。"管用吗?我有点怀疑。管他呢,先用着吧!

(一)你能巧妙了解事实吗?

打开第一个锦囊,里面是一张纸条,上面写着:"你能巧妙了解事实吗?"

当然能!我很自信地想。于是我了解到了情况。哦,原来还真是那"一笑"惹了祸。李小飞认为,我连他住在哪里都不知道,是对他的不关心。另外,我冲他笑,居然被他认为是在嘲笑他。李小飞说不能跟一个嘲笑他的老师学习,所以一定要转学。

(二)无痕化解有妙招吗?

拆开第二个锦囊,一张纸条映入眼帘:"无痕化解有妙招吗?"

这真是让我煞费苦心呀。我决定先想清楚,然后再智慧行动。于是我列出方法:让他同寝室的同学无意间交流对我的印象;我单独与他沟通,真诚表达关怀;利用班级活动促使他融入集体。

他的室友成了我的"心腹"。这几位同学和李小飞交流时"无意间"透露我是个大大咧咧的老师,同时,对李小飞给予真诚的关怀:小甲给他铺床,小乙给他递水杯。李小飞有点感动,终于稳住了情绪。我趁着其他同学出去的时候,给李小飞送了几本书,跟他说:"老师现在郑重地欢迎你,我最喜欢笑着迎接同学!102寝室的孩子都很可爱,你也一样可爱!我有什么做得不够好的地方还请多多理解!"看到他的情绪缓解后,我心中一下子就释然了!

(三)做到持续跟踪、真关心了吗?

再拆开第三个锦囊,纸条上写着:"做到持续跟踪、真关心了吗?"

好,开始行动。开学第一周班会课上,我们为李小飞举行了欢迎仪式,在集体诗歌朗诵中欢迎他,在游戏活动中靠近他,在交流分享中感染他。课后这个孩子竟然扑在我的怀里热泪盈眶!我觉得很是幸福!

作为新老师的我觉得自己有了师傅送我的三个锦囊,真的很幸福。误会被巧妙化解,大事化小,小事化了,还彼此增添了一份理解与关怀。

二、锦囊迁移有提升

我们来看看下一个案例。

"孩子在幼儿园出了事,老师竟然说不知道,太不负责了!你们幼儿园老师怎么当的?一句'不知道'就没事了吗?""啪"的一声,电话瞬间挂断了。原来一个幼儿园家长回家发现自己的女儿裤子湿漉漉的,居然尿裤子了,于是打电话给班主任小A老师,想跟老师打个招呼——女儿胆子小,什么事情都不敢说,希望老师多关心一下。可没想到小A老师听了家长的话后说:"我不知道呀,让小孩子下次小便时要对老师说。"家长听了很恼火。

刚入职的小A瞬间意识到麻烦来了,她直接来向我求助。于是我问她:"你想要什么结果?"小A说:"我当然希望家长能够理解我,我还是很关心他们家小Y的呀!"俗话说:"赠人玫瑰,手留余香。"我决定帮她,于是我把曾老师给的锦囊抛给了她。

深呼吸三次,开始思考和行动!你能巧妙了解事实吗?小A老师向小Y身边的同学询问了情况,得到确认,小Y的确胆子很小,据说还有同学因为她尿裤子而奚落了她,怪不得家长如此生气呢。

无痕化解有妙招吗?小A老师意识到了自己的问题,赶紧给家长发信息表示歉意。第二天就给孩子们讲遇到困难要跟老师说,还制订了班规,让孩子们要相互帮助,做个文明有礼貌的好孩子。

做到持续跟踪、真关心了吗?随后,小A老师还主动跟家长联系,并观察小Y的状态,在班上给小Y制造表现的机会,锻炼她的自信心。这个看似胆小的孩子居然变得开朗起来、大胆起来!家长也越来越理解小A老师了。

三、持续运用促思考

接下来,让我们在这个案例中进一步思考与改进。

一天课间,学生小C发现自己心爱的自动铅笔不翼而飞,又发现同桌小V敞开的铅笔盒中有一支与自己一样的自动铅笔,便断定是同桌拿了他的笔,两人争执起来。老师知道后,分别找他们谈话了解情况。经过调查,原来两人的笔是一样的,这支自动铅笔是小V的,小C误认为是自己丢的那支笔。放学了,小C发现自己的自动铅笔在书包里。老师对小C说:"自己的东西要自己保管好,万一丢失了也要冷静,不能对同学大喊大叫,明天一定找小V道声'对不起'。"小V回到家后很不高兴,他的妈妈了解情况后,越想越生气,于是给老师发了短信:"老师,您太不公平了,小C丢了笔,为什么质问我家小V?!作为家长我认为您有失水准,作为孩子的母亲我对您非常不满意。"

这件事情老师看似处理得很周全,为什么还是出现了问题呢?首先这位新老师还算冷静,但做法却不够巧妙。老师可以帮助孩子先找一找那支笔,也许就找到了,这样也就避免了误会。后面,老师通过双方了解了事实,此刻他做到"无痕化解"了吗?显然没有。小C找到笔后,老师却让小C第二天给人家道歉,是不是有点晚了呢?这件事情会让无辜被调查的小V难过一晚上的!所以这位新老师也没有做到"持续跟踪、真关心"。事情是一步一步被推到家长面前的。如今面对家长的愤怒,又应该如何化解呢?首先,应赶紧给小V打电话,说清楚情况;同时跟小C的家长沟通,让小C给小V打电话道歉。千万莫把事情越搞越复杂,能在第一步处理的一定在第一步处理好。一定要站在学生、家长的角度考虑问题,真诚地关心每一个孩子。

总结以上三个案例,我们会发现:无论面对什么样的误解,老师一定要先冷静下来,多站在对方的角度考虑问题,想清楚策略,及时处理,持续跟踪,这样才能把一个个难题化解于无形。

专家点评:

误解是人际交往中常见的现象,教师在教学工作中存在被家长、学生、同事误解的情况,这是不可避免的。误解对教师的人际关系经营、教学工作开展都会产生较大阻碍,有效消除误解的能力是教师必须具备的。导致误解产生的因素可归结为两个方面,一个是说话人的话语,另一个是听话人的心理。在第一个案例中,教师的微笑使刚好处在转学这样一个敏感的状态下的李小飞会错意,导致误解产生。第二、三个案例也属于"说者无意听者有心"这样的情况,教师无意识的语言和行为让家长在特殊心理情境下产生了误解。了解误解为何产生是消除误解的重要一步,也就是文中第一个锦囊——通过恰当的方法了解事实。了解问题症结后再对症下药和观察后效是比较有效的方式。文中三个锦囊也是遵循了澄清问题、解决问题并持续关注这样一个逻辑去化解教育工作中的误会,得到的结果也比较好。总的来说,新手教师要避免误解产生,应注意自己的语言和非语言表达,以及关注对方的心理状态和心理需要,即在人际交往中谨慎用词用意,并管理好自己的非语言表达;时刻记得从家长、学生的角度看待问题,真诚交往,减少误解的产生;即使产生误解,也要沉着冷静,按照三个锦囊的方式进行分析和解决。

如何做好时间管理

孙雪梅　　张小梅[1]

我们经常抱怨:"我已经很努力了,但是真的没办法,太忙了!"教师困于繁忙的事务,其实是源于内心的迷茫。而盲目地努力不仅不会让我们进步,反而会让我们陷于恶性循环中,难以自拔。教师要让自己从忙碌的困境中解脱出来,就需要对时间进行科学的管理。如何做好时间管理?关键有五要素。

一、明确的目标

时间管理的首要因素是设立明确的目标。一线教师每天的工作确实比较琐碎,因此,很多老师总是习惯性地忙,对自己每天的工作并没有特别明确的目标。我们来看看张老师忙碌的一天:

张老师早自习进教室,发现学生小雨在抄作业,于是利用早自习时间找小雨谈话,结果发生争执。直到科代表提醒要发下节课评讲的单元检测卷,张老师才中断与小雨的谈话,准备上课。这时张老师发现因为处理突发事件,有好几份检测卷还没有改,也没有来得及进行分析。于是,试卷评讲课变成了对答案课。第二节体育课,张老师继续找小雨谈话,没进行几分钟,就被学校通知交资料、领物品,谈话又被中断。等张老师忙完回到办公室,第三节语文课开始了,张老师只好让小雨回教室去上第三节课……下午一上班,张老师改作业、备课,直到第二节课的下课铃响才忙完。这时校长一个电话把他叫到了办公室,原来是小雨的家长投诉张老师不准学生上课。等张老师处理完,精疲力竭地从校长办公室出来,已经放学很久了。在回家的路上,张老师又想起明天教委领导要来检查,自己还没来得及进班看看教室卫生。他不由得感叹:真是忙碌而又疲惫的一天啊!

从上述案例中我们不难发现,张老师虽然忙碌,但没有规划时间。像学生抄作业这种问题确实需要解决,但一定要马上解决吗?通过一次谈话就能解决吗?解

---

[1] 张小梅,重庆市璧山区御湖小学副校长,全国优秀教师,重庆市语文骨干教师,重庆市中华优秀传统文化教育专家资源库成员,省级普通话水平测试员;

孙雪梅,重庆市璧山区御湖小学教师,教务主任。

决问题并不等于实现目标,就像案例中的张老师一样,解决问题时却出现了更多的问题。所以,我们要明确这一天中最重要的目标是什么,实现了目标,有的问题也就迎刃而解了。案例中的张老师如果把试卷评讲课的目标实现了,学生在课堂上有真实的进步,也许小雨明天就不需要抄作业了。

二、科学的排序

有了明确的目标,接下来就要将目标细化为一个个可实施的任务并一一列出来。相信一位习惯在自己办公桌上贴便条的老师,他每天的工作效率会比其他同事高许多。如果还是觉得时间不够用,我们就要想想是否对这些任务进行了合理的分类和排序。对于教师来说,每天的任务大致可以分为两个版块:常规性事务和临时性事务。在对任务进行优先级排序时,时间管理四象限法则是非常有用的。我们可以将事情分成重要且紧急、重要但不紧急、紧急但不重要、不重要不紧急四类。

我们来看看王老师列出的时间管理四象限的任务清单(表1):

表1 时间管理四象限任务清单

重要与紧急程度	事项
重要且紧急	1.下周三名师工作室送课下乡;2.日常上课、备课及PPT修改;3.作业批改及督促学生更正;4.班级教室及宣传栏布置迎检;5.学科组教研活动主持……
重要但不紧急	1.下个月的课题开题;2.青年教师现场赛课;3.家长开放日活动及主题家长会;4.阅读专业书籍准备论文撰写
紧急但不重要	1.班级日志材料上交;2.学生综合素质评价过程性资料上交
不重要不紧急	无

从清单中我们不难发现,王老师的重要且紧急的事项太多,这就是她忙碌的根源。原则上,重要且紧急的事情要马上做,重要但不紧急的事情提前计划做,紧急但不重要的事情授权让别人去做,不重要不紧急的事情减少做甚至不做。但如果我们将太多精力投放在紧急的事情上,那些暂时不紧急但重要的事情由于缺乏时间规划就会变成紧急的事情,这就形成了一个恶性循环。因此,我们应对任务进行科学排序,尽量减少紧急事件的发生。

三、合理的配比

那么怎样合理地安排我们的时间投入呢？时间管理四象限法则建议：重要且紧急的事件占20%，重要但不紧急的事件占65%，紧急但不重要的事件占10%，不重要不紧急的事件占5%。这些数值说明我们要将大部分时间投入到重要但不紧急的事件中去，减少紧急事件的发生。因此，从可实施性的角度来说，用"二八定律"来分配时间是比较高效的。"二八定律"的意思是用80%的时间做20%的重要的事情，用20%的时间做剩下的不太重要的80%的事情。

仍以上述王老师的时间规划为例，当你列出了十几个待完成事项，你也许喜欢从最简单、最容易完成的事情做起。一段时间下来，你会很有成就感，觉得自己完成了好多事情，但其实最后没有完成的几件恰恰是最重要的，如课题、赛课、写论文。如果你在具体的实践中将"二八定律"搞反了，也就是用了80%的时间去做那20%的不重要的事情，而企图用20%的时间去挑战80%的重要的事情，你就需要反思这种忙的背后，是否是你内心的力量不足。

那么，如何用20%的时间去完成那不太重要的80%的繁杂事情呢？"大胆授权"这几个字我相信对一线老师特别是班主任来说是可以做到的。我们要统一这样一个认知：作为一名老师，不是你做得越多越优秀，而是你为学生提供的成长机会越多，你越有价值。教师可以把那些能让学生参与的常规性班级事务落实到学生个人或者团队上，这样既减轻了自己的负担，又给学生提供了成长的机会。

四、截止日期

企业中流行一句话："截止日期是第一生产力。"意思是布置的工作一定要有截止日期。说到截止日期，就不能回避"拖延症"这个网络流行词，而克服拖延行为最有效的方式就是给每一个小目标都设置一个截止日期。这个截止日期是指心理上的，而不是写在纸上的。为了让自己的紧急事情变得更少一些，我们就需要为能够提前做的事情设置一个心理上的截止日期。

以同一个办公室的两位老师为例，代老师每次接到学校要交某某材料的临时通知时，总能很快地完成任务，并在第一时间把模板分享给办公室的其他老师。而刘老师总是办公室里最后一个完成任务的人。观察他们两人的时间管理方法就会发现，代老师习惯在学校给出的截止日期之前完成常规的教育教学任务；而刘老师每次都是卡着时间点完成任务，所以每次都陷入忙碌状态，在团队合作中也总是被帮助的那一个。

五、内心享受

李老师和殷老师是一起参加工作的两位新老师,任教同一个年级。李老师住学校提供的周转房,每天晚上经常加班到十点以后,但教学业绩和年度绩效考核却总是倒数;殷老师自己租房子住在商业街,每天下午六点准时下班,还经常在朋友圈晒逛街的美图,每天能量满满,绩效考核也排在年级前列。

通过私底下交流我们发现,面对教学工作和学校布置的任务,李老师常常感觉压力很大,所以经常加班;而殷老师的口头禅是每天要多爱自己一点,坚持每天把自己打扮得漂漂亮亮的,每次上讲台就像走T台。对比李老师和殷老师的不同状态,李老师将工作当成任务和压力,而殷老师更多的是把工作当成一种享受。寻找事情背后的意义和价值,把工作当成一种享受,乐在其中时,效率往往是最高的。

做自己觉得有意义和有意思的事情,在工作的同时感受快乐,你的工作才会完成得更好。

专家点评:

教师承担了多项工作任务,在忙乱中往往容易分不清轻重缓急,导致心理压力大、工作效率低、工作质量欠佳。对此,本文为教师群体介绍了有实操性的五点时间管理要素,有利于教师实现自我管理、自我成长。

文章提示我们,新教师在时间管理上可以参考以下步骤:首先是确定目标,规划排序。在每天工作之前,把各个待办事项按照轻重缓急的程度进行有序排列,能大大提高一天的工作效率,减少失误。其次是时间分配。可以用"二八定律"和时间管理四象限法来分配时间,把时间花到重要的事情上去。再次是设定期限,避免拖延。新教师要学会设定期限,这是克服工作中拖延行为的一种很好的方式。工作任务期限一旦设定,会促使人进入执行阶段,工作起来就会更有紧迫感,更加有效率。最后是享受工作,获得满足。新教师要把工作当成一种乐趣,因为当一个人全身心地沉浸在自己所热爱的工作中时,他的内心会感受到快乐和满足。

如何释放压力

曾艳

一、难听的绰号

别人给你取过绰号吗？绰号有善意的，也有恶意的。遇到善意的，调侃两句后欣然接受；遇到恶意的怎么办？漂亮的甘老师，就因为绰号感到"压力山大"。

才走上工作岗位的甘老师，圆圆的脸，齐耳短发，微胖，她教初三(1)班的政治。该班的学生在全校是出了名的调皮，私下里，他们给上课的老师取绰号，甘老师因为脸较圆而被叫作"大饼"。学生虽不会当着老师的面喊，但会在不远处故意用"大饼"指代甘老师，还说很多不尊重的话。甘老师很反感这个绰号，并因此大哭了一场。她知道这是学生给她取的，但她没有勇气去质问是谁取的，她怕这件事不仅查不出结果，反而被同事知道后取笑她，她更怕面对那些嘲笑她的学生。甘老师的"不反抗"变相地让孩子们觉得她好对付。现在甘老师每天听到有学生喊这个绰号，都快步走到办公室，麻痹自己说不是喊的自己。去这个班上课都变得小心翼翼，她每天都很难受。

作为一名爱美的女老师，被叫作"大饼"真的很难堪。其实这主要是因为甘老师在学生管理上过于软弱，处理问题时"和稀泥"。平时和学生相处时没有赢得学生的尊重和认可，久而久之，同学们就会认为甘老师"不行"，不把她放在眼里，于是做出一些挑战底线的事情。

桂老师知道这件事后，看着甘老师每天顶着沉重的压力上班，便给她讲了王老师被取绰号的故事，我们先听一听。

才走上岗位的二年级老师王芳芳(化名)一进教室，就发现黑板上画了一只王八，旁边写着她的名字。王老师满腔怒火，但她压下火气，来了一个三连问："谁画的？为什么画？如果把那个名字改成他好不好？"问完后，她当着全班强调："人与人是相互的，你怎么对别人，别人也怎么对你。所以请不要给老师、同学取绰号。"你看，王老师的处理是不是很干脆、漂亮？

深受启发的甘老师，在桂老师的帮助下，想出了应对妙计：一是面对学生叫自己不雅的绰号时，当面制止，告知学生不允许乱取绰号，表明自己的态度；二是找到乱叫绰号的人，请他们换位思考；三是了解取绰号的根本原因，化解误会，并及时调整自己的一些言行；四是加强学习，提高上课能力和学生管理水平，避免因自身不努力而被学生瞧不起；五是让自己变得足够优秀，用个人魅力和实力让学生心生尊敬。

经过一学期的努力，同学们再也不叫甘老师"大饼"了，反而和甘老师打成一片。从甘老师的故事里，你是不是深受启发呢？

二、讨厌的口头禅

我们再来看看刘老师遇到的困境。

帅气的刘老师是小学六年级的英语老师，他的工作热情特别高，但开学不久就被学生起了一个绰号——"嗯哈老师"。因为他上课时每讲一句话就会出现口头禅"嗯"或"哈"，如："这个单词哈，嗯是重点考的哈，音标和书写要记得哈！"被学生嘲笑多次后，刘老师进行了改正，但偶尔还是会出现口头禅。学生就是不体谅他，上课专挑毛病，不认真听讲，结果考试成绩不理想。每次去班里，学生总是会学着他的语气"嗯哈""嗯哈"地说话，弄得他越来越怕上班、怕见学生、怕上讲台。

刘老师的困境看似是语言问题导致的，实质是他的教学能力受到了质疑。因为语言习惯，他没有赢得学生的尊重，自信心不足，无法面对现实，导致教学效果不佳，学生没有取得好成绩。这一连串的失败严重地打击了他的自信心和工作积极性，并产生害怕学生、恐惧上课的心理。

面对刘老师的问题，陈老师给他提出了建议：一是在教学中要改掉说"嗯""哈"等语气词的习惯；二是保持良好心态，以平常心对待一切事物；三是与学生交流，请学生换位思考。老师允许学生犯错，也请学生谅解老师的小错误，任何人都不希望大家放大自己的失误，取笑自己；四是改变思维方式，把学生的"挑毛病"当成是对自己的监督；五是努力提高自己的教育教学水平，用实力说话。

听了这几个建议后，刘老师积极改进。他还专门召开了一个"说口头禅"活动，让同学们分享自己的口头禅，并把同学们的"挑毛病"当成进步的动力。慢慢地，口头禅没了，他的压力也就随风而逝。

三、头疼的家庭作业

刘老师的压力主要是来自自己，那么如何面对家长带来的压力呢？我们来看张老师遇到的问题：

张老师是一位小学二年级的班主任，责任心特别强，她对自己严格的同时，对班上的学生要求也很严格。最近，张老师发现班上的露露经常不交作业，有时还用零食、钱等与其他同学"交易"，让他们代做作业。张老师觉得这是个不好的现象，就联系其家长来校商议。露露知道后，怕被老师批评，怕被家长责罚，就躲在公园不回家。张老师和露露的父母发动亲戚、朋友、老师、同学四处寻找，还报了警，晚上12点才把露露找到。露露的爸爸为此很怨恨张老师。除此之外，张老师还要求家长每天接送孩子，并且监督孩子把作业做完。而家长认为作业该老师监督，张老师是在推卸责任，故意刁难他们。露露不做作业，班上的几个同学也学露露不做作业，影响了整个班级的管理。

这个故事中的一系列矛盾看似是由露露不做作业、逃学引起的，实际上是张老师追求完美的性格导致的家校矛盾。张老师在布置作业时缺乏弹性，使学生产生厌倦心理；处理不交作业的情况时缺乏艺术性，没有考虑学生立场；与家长沟通时，用居高临下、教育、命令、责备的谈话方式，使家长难以接受，甚至引起反感。

我们看看遇到不做作业的孩子时，韩老师的建议：一是"熊孩子"越来越多，要学会包容"不完美"的孩子；二是作业布置要有弹性，分层次布置。有人没做时，询问原因，和孩子一起解决；三是站在孩子的立场思考如何解决问题，允许孩子犯错，给他们改正的机会的同时，艺术地去处理不做作业的问题；四是能自己解决的问题，坚决不请家长；五是与家长沟通时，要以倾听、交流、协商、平等的方式进行，从优点谈起，以大家都希望孩子好为出发点，再说缺点和带来的后果，并针对问题一起制订解决方案；六是如果真遇到无理取闹的家长，巧妙保存证据，可以是录音、图片等，处理问题时才能有理有据。

看了韩老师的建议，你有什么启发？

新教师才走上工作岗位，事情千头万绪，压力也接踵而至，压力面前最不应该的就是默默地承受并且还不断给自己加压。马克·克洛普利的《如何才能没压力》一书给我们提供了比较好的方法：一是做好心态上的转变。不要持续地去想令人沮丧和情绪化的经过，而是去行动，变"为什么"为"怎么做"。二是逆向思维。我们经常纠结怎么才能把一件事情做好，但很多时候就是不知道怎么开头。所以以后做事时应"先求完成，再求完美"。三是创造令人放松的环境。比如把自己的办公室整理得井井有条，让自己从工作状态中解脱出来，不要再去想暂时无法解决的烦心事。

所有的新老师们，请让自己变得优秀。只有自己足够优秀，内心足够强大，所有抑郁和压力才会灰飞烟灭。

专家点评：

教师在工作中会感受到来自学生、家长、学校等方面的压力，这些压力会导致师生之间、教师家长之间、同事之间的关系出现问题。当我们感受到人际关系压力的时候，一方面，我们需要先从自己的角度来查找问题。文章中，学生给老师取恶意绰号或者学老师的口头禅等，是因为学生抓住了教师身材、性格或者教学能力等方面的不足;而教师、家长之间关系紧张则是教师处理问题的方式不够灵活导致的。因此,我们需要对自身进行反省,查找自己的问题,然后想办法改正。另一方面,我们需要根据对方的心理需求和年龄特征寻找有效的处理办法。方法总比问题多!比如,针对学生给老师取绰号这一问题,教师可以让学生换位思考,使学生意识到自己的错误;也可以在班会课上采用心理情景剧、心理漫画等方式让学生学习如何建构良好的人际关系。而当教师与家长之间产生矛盾时,就要注意家长的立场和感受。在与家长沟通时,应尊重家长,与家长保持平等关系,这是与家长顺利交谈的必要条件。教师与家长交谈时应语气委婉,先肯定孩子再指出其存在的问题,先扬后抑,因为所有的家长都希望听到自己孩子的优点而不是缺点;多站在家长的角度去关心孩子,理解家长的心情。如果教师真诚对待每一个孩子,让家长感受到教师是真的关心孩子,家长就会更容易接受教师的意见和建议。

如何应用信息化工具来武装自己

王坤俊[1]

当下,信息化工具在各行各业的应用越来越普遍,在教育领域也不例外。教育信息化对转变教育观念、深化教育改革、提高教育质量、培养创新思维具有深远意义。作为新入职的青年教师,熟练地掌握信息化工具提升自己的信息素养能极大地帮助自己适应未来的教育工作。

一、办公软件

(一)文字与数据处理

教师办公以文字处理和电子表格运用为主,其内容主要有各种方案的设计以及学生各种学习数据的收集和处理。

文字处理首选WPS或Word,教师应该掌握其中的排版功能,例如如何设置页面、设置字体等,了解公文常用的格式,制作出比较美观的文稿。

制作电子表格推荐WPS表格或Excel,掌握其中排序、统计、汇总等功能。

(二)演示文稿制作

课堂上运用最多的应是演示文稿,演示文稿制作的软件有WPS演示和微软的PPT,两者的使用方法基本一致,WPS的演示功能更具个性化,小插件更多,能帮助教师快速找到所需元素。

如何制作出精美的PPT作品?这需要教师长期学习。新手在制作PPT时主要存在以下问题:一是制作效率低,不会利用模板提高效率;二是缺乏对审美的把握,往往把PPT做得非常复杂,页面内容过多而主题不聚焦,配色杂乱,动画和音效过于丰富,这些会过多地分散观看者的注意力。

---

[1] 王坤俊,重庆市璧山区实验小学副校长,曾参加全国校园影视评选比赛,获一等奖5次;2018年参加NOC教师微课评优大赛,获全国一等奖,2019年获NOC最高奖——发明创新奖。

（三）文件存储与分享

如何安全高效地储存文件，是教师在办公时应该考虑的问题。很多老师会把重要的文件放在电脑桌面或其他硬盘，电脑一旦损坏，往往会造成不可挽回的损失。在此，推荐老师使用WPS云盘和百度云盘，让文件保存在云上，更安全高效与便捷。

百度云盘的特点是空间大，免费会员均有2000G的空间，使用的人多，只需分享链接，就能实现快速分享，是大文件如课堂录像保存和分享的极佳选择。

WPS云盘的主要特点是使用便捷，使用云盘像使用电脑硬盘一样方便，文件在电脑和手机端可以同时打开，可以实现家庭和办公室同步办公，避免频繁插拔优盘拷贝文件以及文件丢失的烦恼。外出时在没有电脑的地方，也可以用手机端打开WPS实现编辑与分享，是小型办公文件最适合的储存工具。

安装好WPS就自动有了WPS文字、演示、表格及云盘等功能，且是免费的国产正版软件，强烈推荐广大教师使用。

（四）其他办公助手

1. 扫描全能王

有些纸质文件需要扫描出来以方便修改，但并不是每一位老师都配有扫描仪，也不是每一位老师都会OCR识别操作。那么，如何方便快捷地进行文件扫描呢？扫描全能王App就能满足需求。用户注册后，通过手机摄像头扫描各种纸质文件并进行智能识别。扫描后的文件保存在云账户中，更换手机也不会影响文件保存，文件通过QQ、微信等能快速地实现网络分享。

2. 讯飞听见

当我们听一场精彩的报告而想把它转换成文字时，你能想到的或许是用录音笔或手机进行现场录音，然后交给某公司进行声音转文字的处理。这样的方式既耗时间又耗金钱。有没有一款工具能实现语音现场转换呢？有！那就是讯飞听见，一款强大的国产智能语音转换工具，推荐经常开会、听报告且想将现场讲话保存成文字的老师使用。

3. 幕布

幕布是一款清单式的笔记工具，能让你用更高效的方式和更清晰的结构来记笔记、管理任务、制订计划。它能让记录的内容以思维导图的形式呈现，不断细分每一个主题，一键分享和演示，让记录者养成结构化的思维方式。推荐喜欢用手机或平板等智能设备记笔记的老师使用。

4. 图文制作软件

美篇、简书、秀米,其中秀米是公众号制作的极佳助手,推荐运营公众号的老师使用。

二、多媒体制作

(一)平面图像处理

1. 图片处理

很多老师的PPT容易出现的问题是图片效果不佳,要么不清晰,要么就是图片带有LOGO、边框、背景等。这就需要我们把下载的图片进行初步的处理。在此推荐的平面图像处理软件有光影魔术手、美图秀秀等,掌握调整图片大小、裁减、调整亮度及对比度、抠背景、添加一定的艺术效果等功能,就能快速处理和优化图片,为PPT和视频制作做准备。更专业的操作推荐PhotoShop(PS)。

2. 图像设计

图像设计包括学校LOGO设计、班牌展板设计和各类背景设计,常用的软件除了PhotoShop(PS)外还有CorelDRAW(CD),推荐有设计需求的老师学习和使用。

(二)微课及视频剪辑

1. 喀秋莎微课制作软件(Camtasia Studio)

此软件比较适合PPT屏幕录制和视频剪辑,它的优点是画质好、上手容易且效率高。教师通过录制PPT的播放生成的视频与其他音视频、图片,剪辑生成微课,是初学者学习微课制作与视频剪辑的不二选择。

2. 手机微视频制作软件:小影、剪映、乐秀

目前的手机功能和性能越来越强大,以前需要电脑处理的事情,现在用手机就能处理,最典型的就是视频制作了。在此方面推荐小视频制作工具小影、剪映、乐秀等。它们的优点是可以用手机把音乐、图片、视频等方便地制作成一个微视频。

3. 高阶视频剪辑软件:EDIUS(ED)和Premiere(Pr)

EDIUS(ED)上手容易,在掌握Camtasia Studio后学习它会非常快速,推荐初学者学习。

（三）格式转换

很多老师制作出的微课文件可能很大，而微信的分享功能却只支持100M以内容量，如何在压缩文件时把对画质的影响降至最低呢？这里就不得不提到格式转换软件了。此类软件推荐格式工厂，主要优点：一是免费；二是快速；三是全面，支持转换的格式多，生成的文件小。

三、智慧教学

（一）智慧课堂

课堂是教学的主阵地，也是运用信息化工具的主要场所。当今，各地区、各学校也在不断地探索智慧课堂的综合运用。我区建立了以腾讯大数据为基础的区域大数据平台，在此平台上，开展了以"学乐云"为主的智慧课堂建设，因此，广大青年教师应该熟练掌握智慧课堂软件，综合运用其中的备课、教研、上课、评价等多种功能，更好地为教学服务。

在学生评价方面还可以使用希沃班级优化大师，此软件经过多年的发展，在教师中运用得比较多。软件设计得非常有新意，能吸引学生兴趣，改变了以往评价的枯燥乏味，增强了评价的趣味性，让评价更好地发生，更好地促进学生发展。

（二）辅助学习工具

目前，网络上学习类的App良莠不齐，英语学习推荐"一起学习"App，老师可以在云端布置作业，学生通过家长的手机端App完成包括口语在内的作业，并及时生成反馈。老师也有可能遇到不会解的题，"作业帮"App可以通过扫描作业，进行搜索比对，给出答案。它可以是老师的助手，也可以是学生学习的小帮手。

类似"一起学习"与"作业帮"这样的App还有很多，它们不仅可以帮助老师改进教学，还可以促进学生学习，关键在于如何合理使用。教师在选择App时要慎重，一是尽量选择免费的，二是学生应在家长的监护和保护视力的前提下，少而精地运用。使用App不是简单地为了减轻教师负担，而是为了提高学生的学习效率，减轻学生的作业负担，更好地为学习服务。

能帮助教师的信息化工具有很多，在今天这样的信息化时代，各种工具每天都在发生变化，今天非常优秀的产品明天即有可能被更先进的智能工具所取代。不断地学习，不断地去了解和尝试不同的信息化工具，选择适合自己的，始终站在教育信息化的最前沿，做智慧教育的先行者，是我们广大青年教师应有之责。

专家点评：

青年教师应该掌握什么样的信息化工具？王坤俊老师对此进行了详细的阐述。对于青年教师而言，逐步构建起符合自己教学风格的教学常规，是促进自身专业发展的前提条件。如何在课程标准的基本要求下，使用新型的技术工具，将教材内容进行活化，与学生的生活经历建立密切联系，从而在知识符号系统与学生生活系统之间搭设桥梁，是确立教学常规必须要思考的。捷克教育家夸美纽斯曾说过，要尽可能地在教学中让学生开放各感官通道，建立与知识的接触，开放的感官通道越多，学习留痕越深。各种技术工具能够改变学生接触知识的方式，激发学生的兴趣，调动学生眼、手、耳、脑等多种感官进行学习。

当然，技术工具并非越多越好，教师在应用时需要充分考虑教学目标、教学内容、学生学习准备等，选择与之适切的技术工具。毕竟，并非所有场景、所有内容都适合声光电齐上阵，工具的选择、技术的应用要切实考虑对象和场景。

如何利用手机为自己助力

雷斌[1]

赵小帅,阳光型男生,深圳龙岗某中学初中二年级物理教师,同时担任初二(3)班的班主任,参加工作一年零三个月。

一、开启学习

6:30

手机里飘出一首舒缓的轻音乐,将赵小帅从睡梦中唤醒。天已微亮,新的一天开始了。

7:05

坐上地铁,小帅拿出手机,戴上耳机,打开得到App,播放北师大心理学教授刘嘉老师的《心理学基础30讲》第15讲:用"以牙还牙"突破囚徒困境。生动的讲解,让小帅觉得很有趣,大脑里不断联想自己的班级管理,看看哪些建议和方法可以迁移到班主任工作之中。

7:32

在学校食堂,小帅端着早餐和刘星坐在了一起,两个人都是去年刚刚入职的青年教师。刘星把手机推到小帅的面前:"帅帅,这是你写的学生管理小方法,真的是很不错的点子。"只见手机上有一条短信:"【我的金点子】在班级设一个专利墙,平时注意发现班上学生的特长,比如何丽蓉同学字写得好,就让她写50字的经验分享,贴在专利墙上,上面注明'蓉蓉写字法'。墙上还可以有'强强跑步法''翔翔解题法'等学生成就标签。"

原来,去年入职的包括他俩在内的157名教师组建了"我们"学习团队,每个人每月写一个关于教育教学的金点子。团队的"专家委员"会遴选出优秀实用的小方法,通过飞信或钉钉App,于每个工作日的7:30准时推送给团队的每一位成员,这项工作叫"每日730"。最简单有效的研究和学习就这样陪伴着大家的每一天。

---

[1] 雷斌,广东省深圳市龙岗区教师进修学校教师培训课程开发中心负责人。

二、亲近学生

7:51

早餐结束后,小帅的手机在兜里振动了起来,打开一看,原来是手机的日历App在提醒他:今天是韩子琦同学的生日。

小帅老师做班主任很用心,把每一位同学的生日都存入了手机日历中,每位同学生日当天,手机都会有提示。

两分钟后,小帅来到班级门口,领读员李梦已经在组织大家诵读了。小帅微笑着伸出大拇指为李梦点了一个赞,李梦露出了腼腆的微笑。小帅又看了一眼韩子琦的座位,子琦稍显慵懒地趴在桌子上,读书也有气无力的。小帅若无其事地走到子琦的身边,俯下身拍了拍他的肩膀,轻轻对他说:"子琦,今天是你的生日,老师祝你生日快乐。"只见子琦突然两眼放光,倏地坐直了,转过脸说:"谢谢帅帅老师。"关爱其实就在细节之中。

三、化解困难

10:16

上午第三节课是(4)班的物理课,小帅从办公桌上拿起了教材、教案和微课录制支架来到教室。他把微课录制支架放在讲台上,夹好手机,将摄像头对着黑板,打开视频录制功能。当准备工作做好后,上课铃声响了起来。小帅讲课风格和他名字一样都是帅帅的,学生们像一群迷弟迷妹,痴痴地和老师在物理的海洋里遨游。

今天上的课有三个难点和两个易错点,这是小帅的预判。当讲到单位换算方法时,小帅伸手点了一下录制键,手机就开始了视频录制,而小帅则继续神采飞扬地讲着换算方法。五分钟后,讲解结束,小帅又伸手点了一下停止按钮。就这样,小帅将三个难点的讲解录制为了三个视频。下课后,小帅花了8分钟,利用手机上的小影App的视频编辑功能,给三个视频加上片头和片尾后生成三个微课程视频。利用上午第四节课的时间,小帅一边备课一边通过手机和录制支架进行俯拍,用水彩笔和A4纸,边讲边写边画,将易错点的讲解又录制为了两个视频。随后小帅将上午的五个视频上传到云班课平台自己的班课号内。当学生回家学习遇到难点、易错点时,只需要打开手机云班课App,就可以随时观看小帅老师的讲解。

四、"秒杀"事务

11:47

小帅回到办公室打开电脑。这个时候,手机响了一下,是钉钉App在提醒有新消息了。原来是学校安全办发了一则通知:校园门口的交通比较混乱,需要分时间段招募一批家长作为交通志愿者,每个班可以推荐5名。

于是小帅用手机打开腾讯文档App,登录后新建了一个在线表格,并按要求将其制作成统计表格,然后发到微信家长群,并说明了学校招募志愿者的条件。家长在微信群可以直接打开在线表格,填写自己的信息。不到20分钟,5名家长通过在线表格填写好了自己的信息,小帅很快将统计信息发到学校安全办。

五、及时反思

14:51

刚刚结束下午第一节物理课,小帅和同学们挥手再见,拿着教材和教具走出了教室。一边在走廊里走着,小帅一边在脑子里回想今天上的两节物理课,有一个难点突破感觉自己设计得还不错,但有两个问题感觉没有讲透,学生还可能出错。

走进办公室,小帅从兜里拿出手机,打开讯飞语记App,把自己刚才的想法说了出来,语音在瞬间转化为了文字。两分钟不到的时间,两百字的课后反思已经完成。就这样,小帅几乎每天都在记录着他的教学反思和班主任工作反思。有时一场教研活动下来,小帅的讯飞语记里就多了一千多字的研修成果,并且附有现场照片、视频及音频。等学期结束时,只需要花极少量的时间,就可以整理出自己的学期总结。因此,小帅也成为学校进步最快的老师之一。

六、评价激励

16:18

学校组织各班级打扫卫生,由于做好了分工评价工作,小帅老师所带的(3)班的同学表现得特别积极,有的人扫地,有的人抹桌子,有的人擦灯管……干得热火朝天。小帅也在教室里和同学们一起劳动。以身示范向来是小帅老师的基本准则。忽然,小帅老师发现许虎同学在擦玻璃,不仅擦得十分仔细而且特别专业。平时许虎可没这么积极,值日还逃过两次。看到这种情况,小帅拿出手机把同学们劳动的场景拍了下来,给了许虎特写镜头。拍完后,他马上发了一条"朋友圈":"今天的劳动,同学们特别积极,负责擦玻璃的许虎非常细致,为大家点赞。"大家猜,"朋友圈"是发给谁看的?会有什么效果?

七、巩固记忆

16:43

"报告!"三个学生站在办公室门口,正笑嘻嘻地望着小帅:"帅帅老师,我们有个问题想问一下您,可以吗?"小帅向孩子们招招手说:"过来吧。"

三个学生围在小帅的身边,张曼曼把作业本放在他面前:"就是这一题,不知道怎么解决。"小帅看了一眼题目,拿起红笔在草稿纸上给三个学生讲了起来。老师的点拨让同学们豁然开朗。这时小帅打开手机中的喵喵机App,点击拍照,把刚才讲的那道题目拍了下来,通过识别功能,竟然从题库里搜索到了这道题目,还附有题目分析和解答。更神奇的是,小帅一点打印,桌面上的喵喵机(《新华字典》大小)立刻就把题目打印出来了。"把你的错题本拿出来,回去再做一遍。"曼曼赶紧从书包里拿出物理错题本,小帅把打印的热敏纸背后的不干胶保护层撕掉,然后贴在错题本上。"谢谢老师!"看着学生们开心的笑容,小帅得意地打了一个响指。

八、提高效率

17:39

下班了,小帅又坐上了回家的地铁。近期他们物理科研组负责的科研课题即将结题,他负责结题报告数据分析部分的撰写。利用在地铁上的时间,他用手机问卷星App查看了家长的问卷调查数据,感觉符合预期。为了核对一组数据,小帅利用手机百度云盘App,查找了上周放在文件夹里的专题分析报告,找到相关数据复制拷贝。当确认没有问题后,小帅又打开手机腾讯在线文档,在协作文档里把自己对数据的分析处理思路写了下来。

走出地铁站,天色已晚。小帅看到"朋友圈"里家长的留言,心里感受到了当老师的幸福。

知道手机可以下载哪些软件,软件有哪些功能,并不是一件很困难的事情。在何种场景下使用,为什么这样使用,有什么效果,才是关键。就好比信息化,了解"信息技术"是容易的,但"化"到工作场景中,是比较困难的。比如文中提到的"每日730"教育教学小方法推送,这在深圳龙岗新教师群体中是真实存在的。其所应用的仅仅只是飞信的发送、接收功能,简单得不能再简单了。但其背后是什么?是构建新入职教师的研究生态。新教师是不是不能做研究?显然不是。他们只是不适合做大课题研究。这一群体非常适合做微研究。聚焦日常工作中的棘手问题,寻找一个有实效的解决方法,这就是微研究。成果是什么?就是一条或一个50字左右的教育方法操作说明。评审组遴选后将短信推送给新教师群体,这就是成果的推广和学习。这样,一个清晰的微研究生态圈就形成了。刚刚入职的教师需要的恰恰就是这种贴合自己教育教学的微研究模式。文中类似的场景还有很多,读者可以自己去发掘、解读。

另外,文中虚拟了10个常见场景,不代表这10个场景每天必须发生。我们只是通过构建场景的方式,让读者更好理解、更好模仿或举一反三。

专家点评：

随着智能化程度的不断加深，手机早已超越了一般性的通信工具，在某种程度上已经演化为一种移动学习、生活的平台。雷斌老师在文中虚拟了10个生活和学习场景，展示出了手机在教育教学中的应用。

手机已经成为人们生活中不可或缺的部分，但是和教师教学必备的工具尚有一段距离。随时查阅资料、即时沟通学生、适时布置作业、时时监控学习这些功能目前还与学校教育现状不完全匹配。以学科为主导，以课堂教学为主阵地，以考试为检测方式的教育模式仍占据主导地位。在这种环境中，手机的功能还不能完全体现。但文中的场景给予了我们一些启示：青年教师要善于思考和创新，利用身边常见的、常用的工具，让学习随时可以发生、随处可以发生。

如何高效完成学校的宣传任务

张玉华

要想及时、高效、高质量地完成学校的宣传任务,光靠自己码字是不行的。作为新教师,我们必须转换角色,逼迫自己迅速成为一个"网络达人",熟练操作几种App"神器",工作起来才能事半功倍。

一、三个高效帮手

(一)美图神器

学校的高清相机可能无法快速生成"完美"照片,但一部手机却能搞定!自带"美图秀秀""天天P图"等拍照"神器"的手机,能拍出效果极佳的照片,让每一位老师、每一个同学、每一位家长和领导都看起来神采奕奕、光彩照人。

(二)视频软件

学校的讲座、活动、教研以及公开课的视频都需要进行编辑,手机最好用的App是"小影"和"剪映",而电脑端最好用的是"QQ影音"。我用小影拍摄合成的《我和我的祖国》学校宣传视频,效果极佳,大家纷纷转发,着实为学校增光添彩。

(三)文案神器

我还发现了一款高效快捷、能大大锻炼口语表达能力的神器——"讯飞语记"。它可以将语音秒变文字。这一发现大大提高了我的报道速度,甚至便利了我的生活,对我的班级管理也有明显效果。有些老师看我直接用语音在群里发言都很纳闷:你平时都给家长发语音吗?其实,我只是通过语音转化成文字而已,简单、快捷、高效!

二、三种类型的宣传稿件

学校的稿件宣传形式通常有三类:

(一)简报

它不需要复杂的文字,不需要花哨的词藻和词组,只需要抓住六点:谁、何时、何地、何事、为何、结果如何。换一种说法,就是要把握人物、时间、地点、经过、原因、结果。

写作时做到"四不、四要":不理解的事件不写,不知道说什么不写,回答不了的问题不写,个人判断推理不写;要表现不要陈述,要把精彩的引语放在前面,要运用具体名词和动词,尽量少用形容词,文字要朴实、简洁。

(二)公众号

公众号无疑是学校对外输出治校观念、宣传办学质量、树立品牌形象的重要窗口。

最关注学校动态的人群,莫过于家长们。成为母亲之后,我更加了解家长的心理,即渴望在众多的孩子中找到自己熟悉的那一张小脸。因此,在编辑视频、图片时,我不再随心所欲,而是尽量突出学生,让家长们看到自己的孩子在宣传报道中露脸。同时,也要在报道中体现学校的活动宗旨和光辉形象。有了读者心态,我的宣传报道吸引了更多的读者。

(三)美篇

美篇编排重四美:背景的统一美、引言的建筑美、文字的装饰美、照片的协调美。高质量美篇看三点:文稿内容真实准确,有亮点;照片与文字内容对应,有逻辑;整体风格协调统一,有美感。做到以上几点,必能编排出一篇让大家满意的高质量报道。

三、六点注意事项

(一)眼中有画,脑中有稿

年轻人的经验通常不够丰富,但是学习能力却很强。我在一周之内轻松学会了各种软件的使用方法。拍出了漂亮的图片,写出了自认为满意的文字,可合在一起却发现牛头不对马嘴。多次失败,我总结出拍照心法:拍照时,不仅要眼中有画,还要脑中有稿! 画面和故事完美融合,才是一份优质的宣传稿。

(二)全方位、无死角拍摄

拍照时不仅要有正面的全景照,也要有中景的分组照,还有个别的特写。在拍摄全校师生大合照时,甚至要用到全景模式。

(三)拍摄视频有秘诀

开始时,我辛苦拍摄的视频却被别人告知没法用。为此我懊恼极了,做了太多无用功之后发现,要想拍出合格的视频,必须双手拿稳,镜头在左,双臂夹紧,双脚站稳,定点拍摄,多处取景。这就解决了我的视频抖动过大、画面过窄的问题。

(四)读者思维

读者最想看到的是什么?是学校的整体面貌?个别节目的精彩瞬间?自己孩子的精彩表现?拍照的时候,从这几个心理层面去解读和抓拍,准保没错。

(五)措辞要严谨规范

正式发出的稿件会经过一审、二审,保证没有纰漏才能够"官宣"出去,你的每一个文字都可能为学校加分,但也可能为学校减分。宣传无小事,因此措辞一定要严谨规范。

(六)新老师必须走出的几个误区

新老师通常会把图片和视频编辑得特别花哨,但作为教育类的宣传报道来说其实是不恰当的。视频的主题太过繁杂,遮盖了本来的主题,pass!音乐背景太过嘈杂,pass!过多华丽的词藻、抒情的言语,pass!

现代社会,宣传报道就是学校的一张"脸",把"脸"通过各种招式、心法打扮得精致美丽,我们年轻人有义不容辞的责任。如果以上的招数都了然于心,学校必将在我们的笔下展示出更美好的形象。

专家点评:

张玉华老师的经历道出了当前一个颇为普遍的状况,即新入职的年轻教师往往需要承担很多本学科教学工作之外的临时性任务,比如文中所提到的公众号、简报和美篇的写作。学校对青年教师有一种认知,即认为他们更能熟练地使用信息化工具。而青年教师正好可以借此迅速融入学校生活。

当前,平面化的纸质媒介不再是各类信息的主要载体,学校网络主页、学校微信公众号等正在跟家长、社会、学生进行越来越多的即时沟通。在信息化背景下,学校要善于利用网络传递学校的文化精髓、价值观和育人理念,与更广泛的群体达成更广泛的共识;也要善于利用网络发出声音、表达自我、树立品牌。正如文中所提到的,宣传就是一个学校的脸面,把脸面通过各种招式、心法打扮得精致美丽,年轻教师有义不容辞的责任。

如何用网络记录孩子们的美好童年

张玉华

作为小学班主任,我要跟孩子们共同生活六年,该怎么记录他们的成长过程呢?班级开展某项活动,我想记录下孩子们快乐的笑脸怎么办?孩子们的书写真漂亮、作文真优秀,我要分享给家长怎么办?接手新班级,我要快速了解每个孩子的情况和家庭背景怎么办?想提升孩子们的阅读能力、运动技能、劳动习惯等等,可是他们不在跟前,该怎么检查和督促?

记录孩子们的成长点滴是一位优秀班主任必须要做的。用成长手册,还是成长袋?或者像李镇西老师那样编撰班级史册?大家各有招数。而我,喜欢用网络记录孩子们的美好童年。

一、用"问卷星"记录起点

今年,我刚接到一个新班,为了快速了解孩子们的基本情况和家庭背景,我用"问卷星"制作了一个家庭信息调查问卷,来搜集学生的信息。除学籍卡上呈现的基本信息外,我还增加了孩子的"兴趣爱好""辅导孩子的主要家庭成员""你对孩子的期待"等十几条选项。这样的调查问卷全面、详实、充满个性,并且可以永久保存,随时查看。

二、用微信和QQ记录足迹

现在,最基本的网络通信工具非微信和QQ莫属,它们能够及时地给家长们发布公告、作业和通知。还有"学乐云""智慧校园"等很多平台都可以实现和家长、学生的及时沟通。

QQ和微信就只是沟通工具吗?当然不是!它是信息公告栏,也是班主任施展专业技能的舞台。我经常会通过微信浏览一些文章,获取资讯,看到一些有趣的活动设计等时,我就会把它们推送到我们的班级群里,为我们班级活动的设计提供资源和参考。

此外,这里也是孩子们展示技能的舞台,更是孩子们成长过程的档案袋。我把孩子们的活动视频、学习视频、各种奖励照片都存在QQ相册里面。孩子们的成长有了清晰的记录,家长们对孩子在学校的一点一滴更加清楚,同时与其他家长找到共同话题。以班主任为核心,以活动为手段,以信息技术为辅助,将学生的心和家长的心紧密联结起来,增强整个班级的凝聚力。

通信工具不仅可以记录活动,也可以促进学习。我们班的孩子每天都要将读书的录音、跳绳的录像上传到专门的打卡群里,有专人统计数据。老师鼓励能够坚持好习惯的同学,但从不批评没坚持下去的同学。孩子们在没有负担的情况下互相熏陶,彼此促进。久而久之,我们班成绩较差的孩子也开始坚持每天打卡!家长们也在期末感受到了坚持一件事情所带来的奇迹。打卡群里,孩子们用另一种方式实现了隔空交流。

我们的寒假作业也不再是一本单调的《寒假生活》,我们通过网络零距离关注孩子们的假期生活。我给家长们分享专业的教育理念和教育方法,推送优质的育儿宝典,查看孩子们做家务的情况,布置"传唱经典"古诗诵读作业,自制春联、福娃等实践作业。通过网络,我们弥补了假期学校教育的缺失,丰富了学生的寒假生活,实现了家校教育永不断线。

三、用抖音视频、美篇等珍藏记忆

我用美颜相机为孩子们记录美好瞬间,再把这些照片配上文字做成"美篇"。如果可以,请热心的家长帮忙收集记录,不仅能制作出精美的班级宣传稿,还能成为我们的期末班级总结。等到一学期、一年、六年过去,将所有的美篇打印出来,那将是孩子们最值得珍藏的回忆手册。

运动会期间,足球比赛的时候,我化身成一位摄影师。多角度、全方位留住孩子们的灿烂笑脸。我给孩子们拍摄的跑步小视频,有趣好玩,孩子们爱看,家长们也爱看。我把孩子们的音乐课视频和照片,用"小影"剪辑在一起,留住了孩子们最灿烂的笑脸,也让更多的家长朋友看到了活动的精彩瞬间。

每个月,我都会为该月过生日的孩子举办集体生日会。每个同学都会为自己的好朋友写上生日贺卡,一起祝福他们生日快乐,给他们唱生日歌。同时,我会用相机记录下这些温馨的时刻,并发到微信家长群中。

在轻松有趣的图文视频中,家长们可以直观地看到学生和班级的成长变化,以及老师和学校的教育成果。班级的成长记录有了,家长会汇报的资料有了,连要上交给学校的过程性材料也有了。

值得注意的是,网络是把双刃剑,教师应该拿捏好分寸。班主任如果能够利用好网络这个大舞台,构建自己的班级文化,那一定会有意想不到的收获。

专家点评：

将学生的学习轨迹和成长过程记录下来不仅仅是家长所企盼的，也是教师所期待的。如何记录呢？张玉华老师给出了不少路径和方法。

但正如文中所说，网络是柄双刃剑，在增加便利的同时，也有可能无形中增加学生、家长甚至是教师的负担。如何去规避这一问题？首先，学校、教师需要有一个清晰合理的规划，记录成长不是收集所有信息，应该循着关键线索或者重点事件记录，事无巨细将会增加很大负担；其次，要建立数据、信息记录的标准，信息格式、规范等要有明确要求，以便对汇总到的信息进行分类、分解和应用；再次，要建立学生发展的评价模型，这样可以保证六年的记录能够展现出一个完整的学生形象，否则，很容易成为一堆没有关联的数据。

如何在反思中成长

曾佑惠[1]

日本学者佐藤学曾数次作过以教师为对象的问卷调查,考察"对教师的成长最为有效的要素是什么"。从调查的结果看,第一要素是"自己对教学的反思"。美国学者波斯纳也提出了教师成长的公式:教师的成长=经验+反思。可见反思对于教师成长的重要意义。

道理谁都懂,可是对于新入职的教师来说,迎面扑来的除了问题还是问题,就像弹钢琴,左手不会,右手也不会,两手要联弹,简直难于上青天。如何通过反思来促进成长?这里结合实际案例来交流三个问题:反思什么?如何反思?反思的价值在哪里?

一、反思什么

美国有句格言:"医生是在病床边养成的。"那么,教师是怎样炼成的?我们可以说:"教师是在课堂中养成的。"站稳课堂是教师入职最重要的事情,因此,课堂问题自然也是教师必须严肃认真对待的问题。20年前,我初做班主任的时候,有过这样的经历:

"这节课老师很高兴,因为平时最不爱发言的罗祥(化名)同学都积极发言了。""老师,教室好臭啊!"正当我沉浸在反思中时,一个女生急匆匆地跑过来向我报告。顿时,教室里像炸开了锅:"嗯!好臭啊!""黄皓(化名)拉屎了!""啊?!"我赶紧向黄皓走去,教室出奇地静,大家的目光齐刷刷地集中在黄皓身上。黄皓一动不动地愣在座位上,手紧紧地揪着裤子,脸憋得通红,双眉拧成疙瘩,眼圈红红的,无奈地望着我。我知道,此时,只要他眼睛稍稍动一下,眼泪就会往外流。空气里夹杂着一股难闻的气味,而且越来越浓,这一切,都证明了孩子的汇报属实。我蹲下身,抚摸着他的头说:"走,老师送你回家,以后要上厕所的话要及时告诉老师啊……""刚才他举了手的。"同桌抢着说。我不禁一怔!"我看他憋得难受,也为他举了一次手,

---

[1] 曾佑惠,重庆市璧山区教师进修学校原校长,高级教师,璧山区"曾佑惠德育工作室"主持人,重庆市优秀德育工作者,重庆市科研骨干教师,重庆市教育学会未来教育研究分会第一届理事会副理事长。

可是……"同桌的话音里饱含着对我的不满。我想起来了,是见他举过一次手,不过当时还以为他是要回答问题,不知道他是……我还在庆幸这节课孩子们表现得积极呢,竟然会……这个内向的孩子,举一次手老师没有理会就没有再次举手。

一个四年级的孩子,为了遵守规矩,忍受了多大的痛苦!走出教室,我的心里像打翻了五味瓶。是啊,报告是一条礼仪班规:进办公室要"报告",上学迟到要"报告",上课时间上厕所也要"报告"……平时为班规自鸣得意的我,终于尝到了窠臼带来的苦果。取消烦琐的"报告"势在必行!于是,我宣布:上课迟到不用"报告",只需轻轻拉开虚掩的门,悄无声息地入座,下课后再跟老师讲明原因即可。这样,老师的思路不会再被打断,同学们的注意力也不会因一声"报告"而分散,迟到的孩子也能及时跟上学习的步伐。上课急需如厕不用再"报告",只要做到诚实地离开、诚信地回来,课后跟老师说明情况就行。

很多科任教师、老教师对我的做法不理解,甚至反对,担心孩子们会自由散漫,出教室以后干坏事,不安全,各种理由劝我取消"改革"。但我没有听从,因为我和学生"约法三章"在先:不诚信一次就不再享受这样的"政策"。多年实施下来,一个孩子也没有"钻空子",我和学生的关系也拉近了,班级更加和谐,孩子们更加自主。后来我以"爱"为主题,梳理了一组"取消窠臼"的案例,除了"不报告",还有上课"不起立",放学"不拖拉"。这篇名为《爱在"不"言中》的文章获得了重庆市基础教育课程改革论文大赛一等奖。苏霍姆林斯基说:"没有爱,就没有教育。"爱是人类最美丽的语言,教师的爱心是教育成功的关键,只要有爱,学生的事就没有大小之分。凡是与学生有关,与学习有关的问题,都需要我们及时反思,并及时改进。

从学生出发,以课堂为圆心,以问题为半径,以爱为前提,就是我们反思的出发点。

二、如何反思

"'荒岛求生'游戏远离学生的生活,尤其是一年级学生的生活,导致他们不能明白'荒岛''竹筏'等所代表的具体事物。我们应关注学生每天的生活,随时记录他们生活中的事例,并纳入教学内容……"新入职教师姜亚南在上了"大家一起来"一课后,进行了教学反思。

"大家一起来"是统编教材《道德与法治》一年级下册最后一课。课堂上设计的游戏"荒岛求生"创设了这样一个合作情境:6个孩子出去游玩,船快沉了,这时从远处漂来一只竹筏,孩子们该怎么办?"当学生们一窝蜂地上台要表达自己的求生观点时,我知道出问题了。"姜亚南说。

对于刚上一年级的学生来说,合作是一个比较陌生的概念,用游戏吸引学生,培养学生对合作的兴趣,是非常好的活动设计,但用远离学生生活的"荒岛求生"游戏进行6人合作,不大符合学生的实际情况。

这背后反映出的问题是:如何在课堂中坚持学生立场。

学生立场,是新课程改革背景下大家研课的核心词,也是我们最近观察了3节不同学科的课后,大家共同探讨的"课堂的魂"。站在学生立场,教师曾艳放下"讲不完"的担心,在初一的美术课上敢于让学生在试错中发现问题、解决问题,从而提升了学生的图像识、审美判断、创意实践、文化理解等能力。高一的物理课上,教师王薇从演示实验自身的站位,到反观教师的"学生立场",提出任何实验都要考虑学生能不能看清楚。学生能否看清楚实验演示的过程与内容,直接影响课堂教学的效果。

如何反思?荷兰学者科瑟根指出,教师反思应遵循五个主要步骤:行动—回顾行动—意识到主要问题所在—创造别种行动方案—尝试。以上述案例为例,我们来看五个步骤是怎样展开的。

第一步,行动。我在德育工作室成立之初,诊断式地听了3位学员的课。第二步,回顾行动。曾艳回顾:"课堂结束后,我用自己上课的标准衡量了下——导入有趣,图片贴合实际,知识点清晰,学生积极响应,体验有趣,最后出来的作品也个性鲜明。在我看来,完美!但在听了老师的点评后,我有如梦初醒的感觉。"姜亚南和王薇都分别从自己的课堂中提出了自己的困惑,但是不知道如何才能缩小与预设的差距。第三步,意识到主要问题所在。经过交流,寻找大家共同的问题:只顾自己讲,只顾完成教学任务,不关心学生的学习是否真实发生。经过共同探讨,各学段各学科达成一致意见:把"学生立场"作为"课堂的魂"。第四步,创造别种行动方案。3位老师都基于"学生立场"重新修改了自己的教学设计,从"教为中心""师为中心"转为"学为中心""生为中心",变课堂为学堂。第五步,尝试。把"学生立场"作为整个工作室的教育主张,打开教育新模式。我写的反思《课堂里的学生立场》在《中国教师报》发表,曾艳写的反思《这堂课只是教画画吗——美术课〈小伙伴〉课堂反思》,发表在《今日教育》上。曾艳修改后的《小伙伴》一课在全区美术课大赛中获得一等奖,王薇老师的课例获得全国一等奖。两年中,工作室学员在课堂大赛中有获得市、区级一等奖8次。

坚守"学生立场",在行动中发现问题、分析问题,不断地尝试解决问题,是反思的落脚点。

三、反思的价值在哪里

我身边有一位数学老师,每次期末考试拿到试卷的时候都会很开心地说:"运气太好了!这些题我都讲过。"可是每次考试后,学生成绩都不理想。问题出在哪里呢?我想最关键的一点就是,他没有反思:教了,学生为什么还不会?

反思,可以让我们不断更新教育理念。教师不是高高在上的"神",而是目中有人的倾听者,心中有数的修行者,手中有术的陪伴者。反思,可以让我们优化教学路径。如前面的两个例子：因为我没有关注到每一个孩子的真实情况，导致一个孩子来不及上厕所而陷入尴尬；因为3位教师在上教研课的时候没有坚守"学生立场"，造成课堂教学效果不理想。但是通过反思，我们很快找到了从"学生"出发，从"学"出发的教学路径，提高了课堂教学的有效性，营造了和谐的育人氛围。反思，可以让我们改进教学方法，从"教"转向"学"，从以"教完"为目的转变为以"学会"为目标，以学定教，把时间还给学生，把空间还给学生，让学生真正能在自主、合作、探究的互动体验中学习。反思，可以让我们面对问题时更从容，不抱怨、不找借口，多反思自己的问题，多为问题找方法，多请教，多交流，多阅读，多尝试，多改进，问题就会迎刃而解，教学质量也会得到保障。

总之，如果新入职教师从一开始就养成反思的习惯，并坚持记录，经验就会越来越丰富。叶澜教授说："一个教师写一辈子教案难以成为名师，但如果写三年反思则有可能成为名师。"虽然新教师与名师之间还有距离，但是，在从入门到合格再到优秀的路上，一定会因为反思而走得更加坚实、更加自信。

专家点评：

反思是教师发展的必由之路。本文从新教师的视角，阐释了"反思什么、怎么反思、反思的价值"三个核心问题，对新教师增强反思意识、养成反思习惯、开阔反思视野、提高反思能力具有指导意义。曾老师以初任班主任经历为例，提出了反思的出发点，即从学生出发，以课堂为圆心，以问题为半径，以爱为前提。以3节不同学科课堂为例，提出了反思的落脚点，即坚守"学生立场"，发现问题，分析问题，解决问题。这正契合了反思就是对教育教学问题的再思考、再认识、再实践的内涵，契合了反思必须深层次思考问题、根本性改进行为的要求。

新教师一要深刻理解何谓真正的反思。反思不是简单的总结，而是更深层次的思考，要善于列出问题清单，推动大脑深度探究。二要深入探索到底反思什么。应避免"当局者迷"的状态，持续对学生学习、教材知识、教学组织等进行反思。三要弄清楚如何进行有效反思。坚持从小事开始反思，养成反思习惯；坚持透过现象看清本质，做到有效反思。

如何与身边同事形成成长共同体

万家琴

俗语云:"一个人若想成功,要么组建一个团队,要么加入一个团队。"这句话对于新教师来说也十分有效。追寻发展与蝶变,路在何方?拜于名师门下、融入优秀团队是一条很好的路径。对于新教师而言,身边的同事往往是成长路径中的宝库。那么如何挖掘这一宝库,与同事形成成长共同体,在交融共生中实现快速成长呢?让我们从教师成长共同体的特点及融入路径来进行一些分析。

一、什么是教师成长共同体

德国社会学家滕尼斯在《共同体与社会》一书中提出了"共同体"这一概念,"教师成长共同体"就是把这一概念引入教育领域而产生的。

教师成长共同体是由教师自主组织,以共同的愿景为基础,通过在学习中不断交流、沟通、协作、分享资源以促进自身成长的学习型组织。这样的组织往往有固定的人员参与、明确的文化制度、清晰的发展目标、特有的活动方式、方向性的评价要求等。

教师成长共同体强调的是成长,而新教师在各种工作中还略显稚嫩,工作后与同事的接触往往最为频繁,也最容易搭建起成长共同体。将这一共同体运用好,即可实现自身的快速成长。

二、中小学有哪些常见的教师成长共同体

加入学校的教师成长共同体,意味着要走出"自我",与其他教师进行平等的交往与对话。成长共同体有利于教师打破思维定式,审视自身的教育实践,唤醒专业自觉,激发专业发展的欲望。

刚刚大学毕业的张小飞(化名),经过区教委的新教师岗前培训后,与300多名老师一起奔赴各自的学校。他是学文科的,学校安排他教一年级的语文并兼任班主任。在进行学科公开课展示时,一年级语文教研组的老师们集体为他打磨课件,他的公开课也得到了大家的称赞。可他虽然有激情,所管理的班级却状况频出,于是他请教了学校的李老师。李老师推荐他加入班主任名师工作室,拜工作室主持

人巫老师为师。有了班主任名师工作室的支撑,班级管理中遇到的困难被张老师一个个克服!一学期下来,公开课得到大家一致称赞,班级管理井井有条,学生、家长、同事、学校领导都对张小飞竖起了大拇指!

通过张小飞的案例我们可以看到,与身边的同事形成成长共同体是一件很平常却很有价值的事。那学校里到底有哪些可以供新教师融入的成长共同体呢?下面我们就来看看以教研组、年级组、骨干教师及学科带头人、共同愿景及实践操作的教师合作为中心的中小学教师成长共同体的情况。(见表1)

表1 中小学教师成长共同体

组建核心	组建基础	任务	活动内容及意义	对新教师成长的作用	共同体名称举例
教研组	教师之间共同的学科知识背景及学科结构	开展教学研究,主要以课堂为核心,如课例研究等	研究课、公开课、听评课、课例研究等,主要是提升课堂教学能力,进行课堂教学改革与创新的探索与实践	参与学科教研,其他老师给予帮助指导,促进专业化成长	语文学科组数学学科组英语学科组化学学科组学科工作坊……
年级组	共同的学生,即共同的教学对象	对同年级学生学习生活等问题的交流与研究	学生身心发展等问题的研究,增强对学生的认识和了解	在年级组长的带领下完成各种班级管理事务,提升班级管理能力	一年级组二年级组三年级组……一年级工作坊二年级工作坊三年级工作坊
骨干教师及学科带头人、学科名师	骨干教师及学科带头人的优势、成长路径及经验	课题研究、项目研究、交流学习	提升研究能力,实现教育教学与研究的融合,骨干教师等分享自己成长的路径	针对问题寻找专家指导,获取优秀教师的成长经验,实现快速提升	学科名师工作室学科工作坊班主任名师工作室……
共同愿景及实践操作的教师合作	共同的目标,相互督促、研讨、反思的伙伴	教师之间的经验分享,共同进行实践探索等	通过有计划的理论学习开阔教育教学视野和思维;在教育教学经验、心得的分享交流中共同进步	可以根据自身兴趣、特长等组合发展	课程研发工作室篮球俱乐部足球俱乐部书法协会美术协会……

当然，不同的学校组织，架构也不一样，教师成长共同体的组建方式也不一样，可能是线上的，也可能是线下的；可能是工作室、工作坊，也可能是学科组、俱乐部、XX协会等。新入职教师要尽快对学校的管理架构有一个全面的认识，这样才能恰当选择适合自己的教师成长共同体，从而让自己在专业成长上达到事半功倍的效果。

三、深度融入成长共同体的路径与方法

"凡事预则立，不预则废。"张小飞老师是如何精准融入有利于自己发展的成长共同体的呢？原来小飞老师在岗位培训班新教师发展规划授课老师宋老师的指导下，经过系统思考，做了详细的分析和计划。本着真诚助人、共赢发展的理念，遵循"三人行，必有我师焉"的信条，通过良好的沟通方式与同事形成了良好的成长共同体。

（一）剖析自我，找准成长目标

我们来看看小飞所做的成长规划（见表2）。

表2　一学期成长计划

一学期成长计划				
目标：1.在新学校尽快实现从入门到合格的成长；2.在教学、班级管理上尽快熟悉工作，提升能力；3.与一同参加工作的新老师共同进步；4.通过特长分享与学校同事建立深厚友谊				
目标	优势(S)	劣势(W)	平台(O)	挑战(T)
成长期待 - 提升课堂质量	热情高，有干劲，有理论	实践少，没有人指导	教研组、名师	要努力了解身边的同事，要大胆请教，认真分析，重点突破，不能贪多求全
成长期待 - 提升班级管理能力	热情高	管理经验缺乏	年级组、科任教师	
成长期待 - 与同入职教师共同成长	有带动能力	没有成长经验	培训班分享	
成长期待 - 发展持续成长共同体	会打篮球	不了解情况	俱乐部等	

清晰准确的定位，分析透彻的优势、劣势，看完了小飞的思考，你是不是觉得这种SWOT的分析方式还是可取的？值得注意的是，新教师设定的目标不宜太多，一定要尽量聚焦核心目标，从实现一个个小目标中提升自信心。

（二）深度融入，抓住契机

在成长共同体中，只有将自身的实际需求与共同体的学习研究活动高效地结合起来，才能实现真正意义上的提升。

1. 虚心学习,以诚求教

调整好心态对每一位新入职教师来说都是十分重要的。谦虚很有必要,热情也很有必要,只要常怀一颗真心,总能打动人心。要为学校发展着想,为同事着想,从集体的利益出发,能够为大家做一点就多做一点,细节决定人心交融、彼此信任的深度。

张小飞老师正是在遇到问题向他人请教时,经过推荐而进入班主任名师工作室的。当然请教时也可能会遭到拒绝,这时候就要调整好心态,理解同事的难处,再想想其他的办法。如果你一定要请教这位同事,那就要有刘备三请诸葛亮的诚意和耐心了。所以我们一定要尊重身边的每一位同事,把握好时机,善于请教,善于学习,尽快融入教师成长共同体中!

2. 分析节点,把握契机

新教师要善于根据教师成长共同体的日常安排及重点工作梳理三大清单:每月的重点事项清单、相关问题清单、问题解决策略清单。在实践中反思、总结,不断形成成果,从而实现快速成长。

张小飞老师的班主任工作取得长足进步,就在于他善于将日常工作与工作室的工作高度融合。我们来看看他在一学期的工作室活动中都做了一些什么吧!(见表3)

表3 张小飞一学期工作室活动内容

班主任名师工作室重点工作	张小飞学用结合
3月 班主任一日常规梳理	1. 每周梳理班级管理及家长沟通方面的问题; 2. 遇到棘手问题马上向工作室的老师请教; 3. 在班主任名师工作室例会上请教老师,优化整理了20个班级常规管理办法、20条与家长沟通的技巧; 4. 借助工作室资源,广泛阅读工作室推荐的相关书籍,观摩优质班会课例; 5. 借助工作室课例研磨,既当观察员,又当执教者,经过5次研磨后,课例被推选用作展示交流
4月 与家长沟通技巧梳理	
5月 班会课磨课	
6月 班会课赛课	
7月 学期活动总结	

我们可以看出,张老师并不仅仅局限于学习,还注重工作室的重点工作与自己的实际问题、实际需求的结合,把自己的工作嵌入工作室的日常工作中。他从问题出发,充分运用工作室的线上线下资源,从上好一堂班会课、管好一周班级事务、做好与家长的沟通三个方面进行突破,在实践的过程中不断地总结反思,最终取得了可喜的成绩。

3. 扬长展优,交融共生

在张老师的案例中,我们还可以看到他参加了篮球俱乐部,成为一名具有影响力的教练,这体现了对自己长处的运用,即从兴趣、特长的角度出发,与基于共同愿景及实践操作的教师合作,实现同伴互助、相互交流、经验共享。

专家点评:

教师成长共同体是基于学校、立足教学、团队合作、同伴互补、共同成长的一种教师专业发展模式。新教师面临环境适应、角色适应和工作适应,更需要结伴学习,在共同体中实现专业化成长。

文章以张小飞老师的成长经历为线索,解读了教师成长共同体的特点,探索了融入共同体的路径,总结了基于教研组指导、年级组牵头、骨干名师引领、共同愿景组建的四类成长共同体类型,并从组建基础、目标任务、活动内容、名称列举等维度进行了分析。在此基础上,提出了找准目标、虚心请教、学用结合、扬长展优等共同体发展路径,充分体现了教师成长共同体互助提升、合作探究、共谋发展的特性。

教师成长共同体不是一群教师的简单叠加,它是专业共同体,也是生活共同体,更是价值共同体。新教师要把共同体作为自身专业成长的孵化器:第一,明确共同愿景,以专业学习和教学改进为重任;二是确保深度参与,通过共同体做到想明白、说透彻、写清楚;三是体现团队协作,构建开放与互动、合作与分享、关爱与支持的共生关系;四是不断滋养提升,既有"术"的提高,更有"道"的修炼。

如何炼成名师

李洪兵

从最初的论文区级三等奖,到论文市级一等奖,及至在核心期刊发表文章,经过了10年;从原来默默无闻的乡村教师,到2015年的重庆市名师、2019年璧山区最年轻的正高级教师,再到重庆市学科带头人和重庆市璧山区李洪兵名师工作室主持人……

回望我的成长经历,"向内努力,逆向蝶变"这八个字最贴切。

一、蝶变之基:理科老师爱上阅读

虽然是一名理科老师,但我非常热爱阅读。我认为,阅读是教师成长之基。

(一)阅读的书籍

一是适量的专业期刊。我多年来自费订阅了包括《中学数学教学参考》在内的十余种数学期刊。每一次收到溢着书香的数学杂志,我就如获至宝,废寝忘食地阅读。特别是《中学数学教学参考》上的优秀案例,让我叹为观止,它们随时都有可能成为我课堂上的"座上宾"。

二是海量书籍。除了订阅《读者》《意林》等杂志外,我还喜欢在网上订购各类书籍,诸如《世界因你而不同》《特斯拉之父——埃隆·马斯克传》《瓦尔登湖》《尘封在秀逗中的智慧》《奇点临近》等,外出培训我也淘书(家中有两个书房)。每天读几页,每个月读几本书,我都有计划和安排。我读书时都要做笔记,书房里数十本读书笔记是我最宝贵的财富,它们是我"文化数学"的发源地。

(二)阅读成己达人

我的课堂文化味儿很浓:既有历史故事,也有哲理、诗词等,从综艺节目《奔跑吧兄弟》到《爸爸去哪儿》,从明星TFBoys到影视剧人物花千骨。知识间本无明显界限,数学与生活本来就是有机相融的,它们总是互相交织、互相渗透。只要掌握其中的规律,就能把握跃动的灵魂,让学生因数学而快乐!其实多数人恨的不是数学,而是中学老师教给你的那门叫作数学的科目。

因我爱看书,我的孩子也爱看书,爱逛新华书店,爱买书,他也有两个书架的书。他现在10岁,上六年级,语文是他的强项。我的学生在我的影响下也喜欢看书,爱好写数学反思小文章,不在于字的多少而在于顿悟和反思。曾记得,学生们看到自己的小文章发表时高兴得都蹦了起来。我因阅读而不同,孩子们因我而不同!

二、蝶变之翼:做一个有想法的教师

(一)我手写我心

周末、寒暑假,是我的最爱。除了阅读外,我还时时看看自己的教学反思,想想自己的文化数学,我手写我心,写学生、写课堂,勇于参评、勇于投稿,争取发表文章,既能赚稿费又能在各种期刊及网络上留下自己的教学主张,何乐而不为呢?

一写教学现状:最近4年,我主持研究了4个市区级课题。

二写教学反思:连续4年,我写作的数学学术论文都获得了市级一等奖,另外每年还有班级管理文章、学生案例、课件制作获市区奖项。

三写学生:当班主任和数学教师时,我都喜欢把管理过程和案例写在笔记本或电脑上,与学生的斗智斗勇恰好能激发我的创作激情。到学生家劝导厌学学生的作品《与犯横娃的真情碰撞》在七一网"创先争优当先锋"征文活动中荣获市级二等奖,同时被七一网转载;调解学生摩擦的作品《叛逆青春遭遇冷血捕头》获市级一等奖;家访的作品《修行在左 育人在右》获市级二等奖。

四写教学主张:2015年以来,我勇于把握每一次登台亮相的机会,共做了7次市区级学术报告及学术讲座,既锻炼了自己,也向全体与会人员介绍了自己的教学主张和管理理念。

(二)我还能怎样

我长期坚持利用多种版本的教材备课,借鉴多种教学杂志。"我想怎么样?""我能怎么样?"是我每天必问自己的问题。我还常常"多此一举"。比如,针对数学教材中出现的有时甚至被一线教师忽视的案例,我就会站在编书者的角度思考:"他的出发点是什么?""意图是什么?""我该怎么设计?"遇到疑难问题,我就会追根溯源,挖掘题目的本质和内涵,创设问题情境,为学生答疑解惑。"我能怎么样?"是我专业成长的动力。

三、蝶变之魂：既可成蝶，何需做花

人们常说："你若盛开，蝴蝶自来。"而我认为，既可成蝶，何需做花？所以我充分把握住每一次蝶变的机会。

（一）加入段世彬名师工作室

三年工作室的学习让我收获颇多：课题结题4项，论文发表4篇、作品获市级一等奖的6篇。感谢师傅一次次的打磨、一次次的激励；感谢这个平台，提高了我的教学技艺。我每次都主动申请上示范课，由此形成了自己的文化课堂模式。其中，通过无数次的听课、评课、观课，我撰写的市级课题阶段性研究成果《初中数学课堂提问的误区小议》发表在核心期刊《中学数学教学参考》上。

（二）兼职片区初中数学教研员

兼职片区教研员期间，我多了进入片区各个数学教师教学现场进行观摩的机会，收集了许多教学第一线素材。其中，在听了片区几所学校的数十节中考复习课后，我发表了《豁然 自然 盎然 昂然——中考模拟试卷评讲的一种尝试》《低起点高视角让中考复习焕发活力》两篇文章。

（三）参加市中小学名师写作高级研修班

"你的这篇文章，对实践进行了深刻的反思，指出了数学教学中普遍存在的忽略过程性的问题。但文章的整个结构有待精简、完善。第二部分可以就其中1~2个案例进行探讨……"这是我参加市中小学名师写作高级研修班时，导师针对我的研修作业写的批语。论文中间还有个别的批注，有肯定，但更多的是一针见血地指出问题。对于一线教师的我来说，这些诊断犹如醍醐灌顶。我按照导师给我的批阅建议，将论文《过程都去哪儿了——如何让学生经历更多的知识形成过程》重新进行了修改布局，终于发表在《中小学数学》上。

教师最值得珍视的习惯是什么？我认为，就是在写作状态下生存。一两句思考写在纸上，这也是写作。

有新教师问："如何备课？"备课就是写作，写我们为什么教，教什么，如何教。作为新手，你可能没有备课的经验，但不可能没有写作的经验。写作的经验一旦被激活，就会迁移到教学设计中来。

在写作状态下备课，我们就进入了以大师为师的境界，这样的大师包括苏格拉底，也包括托尔斯泰，文学的艺术就可能转化成教学的艺术，哲学的智慧就可能转化成教学的智慧。

专家点评：

近年来，国家相继出台教师教育振兴行动、卓越教师培养计划，造就高素质、专业化、创新型教师队伍成为新时代教育改革发展的目标。普通教师如何成长为名师？李洪兵老师基于自身的从教经历，剖析了从普通教师成长为重庆名师的专业发展历程，总结了从"平凡"走向"优秀"的名师成长路径。他总结了四个关键词，即爱上阅读、坚持写作、系统思考、把握机会，给我们很好地诠释了名师的成长之路是漫长的"求道之路"，是艰难的"蝶变历程"。

新教师是教育持续发展的希望，入职之初就要确立成长为名师的高远目标。李洪兵老师的"名师成长之路"无疑给予了我们很好的参考与借鉴。一要广泛阅读。阅读是教师成长的基石，读书，读书，再读书，唯有经过书卷的浸润，才有成长的"源头活水"。二要系统思考。"思考着前行"是教师成长的写照，不断发现问题、研究问题、解决问题，形成教育智慧。三要研究性写作。写作就是"我手写我心"，就是思考的过程、提炼的过程、内化的过程，写反思、写案例、写随想、写评论……笔耕不辍。

只争朝夕，不负韶华。期待你能真正成长为学生欢迎、同行熟知、社会认可、时代推崇的名优教师。

如何做好人生规划

卢祖容

没有规划的人生叫"拼图",有了规划的人生叫"蓝图"。作为一名认真规划过自己的人生,并且站上过第五届重庆市"时代新人说——我和祖国共成长"人生规划大赛总决赛舞台的人,我愿意为新教师们献上这份人生规划攻略。

一、为什么要规划人生

规划能为人生插上翅膀,飞翔到梦想的殿堂。这儿我想说说我自己的故事。当年,刚毕业的我和所有的年轻人一样,有热血、有激情,欲在三尺讲台上有一番大作为。彼时,我对"人生规划"这个词闻所未闻,就更甭提制订并实施人生规划了。空有一番热情的我像只没头苍蝇似的东碰西撞,在迷茫中走了不少弯路,直到我加入璧山区首届班主任名师工作室。在那里,我第一次听说三年个人发展规划;也在那时,我才开始思考我的职业理想究竟是什么,我该如何走好实现目标的每一步。于是,我确定了"三年内要成长为区内有一定影响力的教育教学能手"这个目标,然后按照我的三年规划,一步一个脚印地走下去。三年中,我收获了各种荣誉、奖项以及学生和家长们的认可。我的三年目标应该算是圆满实现了。

但是,过往成绩编织的舒适圈让我一度处于茫然倦怠中。打破舒适圈,需要对自己的职业生涯做出更加长远的规划。我又该怎样规划自己未来的职业生涯呢?

一次偶然的送教下乡活动,让我看到了乡村孩子对公平而有质量的教育的渴盼,也让我意识到引领乡村教师专业成长的必要性。一个新的梦想在我心头萌发:引领乡村教师实现专业成长,助力乡村教育振兴。打铁还需自身硬,我为自己制订了一份翔实的学业规划,让规划成为梦想路上的引领者、鞭策者。新的人生规划让我重新充实而快乐起来。那时,正赶上第五届重庆市人生规划大赛鸣锣开赛,年逾40的我带着我的规划从初赛到复赛,直至站上总决赛的舞台并获得二等奖。很多人认为我的规划是为比赛而制订的,其实不然,我不是为参赛而规划,而是为梦想而规划,比赛获奖只是命运对一个还拥有职业热情和拼劲儿的中年教师的馈赠而已。规划能促使梦想变为现实,规划能让生命从盲目走向充实。在人生规划大赛的舞台上,我幸运地目睹了一个个年轻的生命像鲜花般怒放的追梦历程。后文将列举一二,与诸君共勉。

二、怎样进行人生规划

人生规划按照内容可以分为事业规划、学业规划、生活规划三大类型。一份完整的人生规划应该包含"梦想描述、我的价值观、自我认知、行动规划、风险预测及方案调整"等五个要素。下面主要借重庆市璧山区实验小学黎倩老师的人生经历来介绍五要素的写法。

(一)关于"梦想描述"

人生规划源于人生梦想,没有梦想就没有规划。所以,我们首先要想明白自己在学业、事业或者生活方面的梦想究竟是什么。任何梦想都不可能是凭空产生的,背后一定有和自己的经历紧密相关的故事,故事里一定蕴含着梦想的动因。比如黎倩老师童年、青年时代都享受过朗读带来的乐趣,目睹现在孩子们业余生活的空虚后,她的梦想应运而生:成为一名有影响力的朗读者,亮出自信满满又饱含热情的中国嗓音。

讲好梦想故事,不是作秀,而是帮自己找到初心、守住初心,照亮日后漫长的奋斗之路。

(二)关于"我的价值观"

如果说梦想是规划的航标,那么价值观就是规划实施的动力加速器。当你不清楚或者不是从心底里认可自己的价值观时,你在追求梦想道路上的每一步都可能陷入纠结痛苦中。比如,一个人视无欲无求为自己生命的价值,那么,就算他强迫自己积极进取,在日后的生活中,他做出的每一分努力都是受环境所迫,个中痛苦,可想而知。反之,当你打心眼里承认并接受某种价值观念,并用这种价值观念去鞭策自己的时候,你的付出才能带给你成就感、幸福感,你才能自信快乐地坚持行走在梦想的道路上。像我这样的中年教师,教育教学能力尚可,但想做乡村教师专业成长的引领者,在专业引领能力上火候是不够的,自然,提升专业引领能力就成为我心中最有价值的事。此后,无论是各种途径的学习,还是无数次地送教下乡,我的内心都是快乐的。能支撑我按照规划一直前行的,其实就是植根在自己心里的价值观。

(三)关于"自我认知"

希腊德尔斐神庙门柱上刻有一句箴言:认识你自己。这句话有深远而丰富的哲学意义。在进行人生规划时,我们至少要清晰准确地认清自己的优势和劣势。找准优势,才能扬长避短;找准劣势,才能对症下药。比如黎倩老师本人年轻阳光、乐表达、善沟通的优势,让她在朗读的世界里如鱼得水、自信满满;而非语言文学专业出身、文学积淀不够丰厚的劣势,又让她找准了提升自我的着力点。这样,在制订下一步行动规划的时候才能够有的放矢。除了主观因素,外部环境也会给我们的规划带来消极或积极的影响。所以,不要忘了对外部因素进行剖析。针对不利的外部因素,我们要有应对之策;而有利的外部因素,则要充分把握,有效利用。就像黎倩老师,她敏锐地发现了逐梦路上的环境优势:新时代对优秀传统文化的重视,《朗读者》等文化类节目受到热捧,她所在的学校搭建了"朗读亭"等文化传播平台……她积极抓住这些外部机遇,参与到各种形式的文化传播活动中,让梦想有了坚实的支撑。

(四)关于"行动规划"

行动规划是整个规划的主体。梦想能否实现,很大程度上取决于行动规划是否可行。好的行动规划应具备以下"四要":目标要分解、路径要可行、措施要具体、效果要量化。

1. 目标要分解

我们的人生规划是为实现自己相当长一段时间甚至是终身的目标而制订的方案,它需要我们化整为零、逐步实现。目标的分解要结合前面的自我认知量力而行,一蹴而就和拖沓低效都不可行。

2. 路径要可行

路子对了,事半功倍;路子错了,南辕北辙。每一个阶段性目标的实现,都需要找到正确的路径。路从何来?同样从自身因素和外部环境两方面着手。比如黎倩老师在行动规划的初始阶段,目标是修炼内功,做一名合格的朗读者。从自身来看,她是学艺术出身的年轻人,具有较强的学习能力和艺术领悟能力;从外部环境来看,璧山区实验小学对朗读的重视和支持为她实现梦想提供了条件。所以,实现此阶段目标的路径就明确了:一是去重庆大学文化传媒学院跟教授学习播音朗读类的专业课程;二是多维度、全方位提升自己的朗读能力;三是考取专业资质证书。

3. 措施要具体

路子找到了,怎样走好每一步就需要具体的举措了。要细化目标,细化到每月、每周甚至每天做什么、怎么做。

4. 效果要量化

人生规划的意义在于把梦想变为现实。这是一个艰难的过程。每一个小目标能否落地直接影响到我们的终极目标能否实现。所以,我们在制订行动规划的时候,一定要把每一个举措意欲达成的效果量化出来,让我们自己看得到每走一步留下的脚印。日积月累,成功也就水到渠成,成就感也就不请自来。

(五)关于"风险预测及方案调整"

任何梦想的实现都不可能一帆风顺。如果你想将人生规划进行到底,就必须未雨绸缪。对于未知风险,应对之策无外乎两个:一是调度你的主观意志,二是调整客观条件。我们不一定能顺利地化解每一种风险,但至少可以在风险来临时坦然接受,从容以待。

三、怎样实施人生规划

规划制订好了,如果束之高阁,那它就是废纸一张。人生规划只是为你铺就了一条从梦想到现实的道路。至于你愿不愿去走,能不能一直坚持走下去,只有你自己能决定。在逐梦之路上,那些已经意气风发地出发的年轻人告诉我们:无论是学业、事业还是生活,做好规划才能让你少走弯路,实施规划才能让你成长收获。机会,永远垂青有准备的人。

专家点评:

"凡事预则立,不预则废。"教师需要对自己的教育人生进行科学规划,设计好自己的发展蓝图,确保自己有目的地前行。中等专业学校毕业的卢祖容老师现已是重庆市骨干教师、重庆市"优秀班主任"、重庆市"学科名师"。为什么要规划人生?怎样进行人生规划?如何实施人生规划?她从这三方面问题入手,重点对人生规划的"梦想描述、我的价值观、自我认知、行动规划、风险预测及方案调整"五个要素进行了阐述,给我们呈现了一份人生规划的攻略。

新教师做好人生规划,一方面,要做到近期规划与长期规划相结合。近期规划应是适应工作环境,掌握所需技能,融入工作团队,迈好生涯第一步;中期规划应是夯实理论根基,积累教学经验,取得工作成效,得到质的提升;长期规划应是形成独特风格,成为人生导师,做出积极贡献,实现人生价值。另一方面,要做到整体规划与系统思考相结合。一是思考"我是谁",正确认识自我;二是思考"我在哪里",分析个人现状;三是思考"我要去哪里",明确发展目标;四是思考"我如何到达那里",制订行动策略。同时,人生规划的有效施行要突出价值引领、兴趣驱动、学习积累和自我调适,这样才能真正实现人生目标。

详细内容扫描二维码下载

后 记

撰写书稿,真是一件艰辛的事情!凭我们有限的才学、浅薄的功底,还有各种教育教学工作始终伴随,又遇上新冠肺炎疫情肆虐,成书真是一种挑战。幸而书稿即将付梓,我们的编写团队倍感欣慰。

陶行知先生说:"创造始于问题,有了问题才会思考,有了思考,才有解决问题的方法,才有找到独立思路的可能。"书稿撰写之初,一方面,我们脑海里不断浮现出自己初为人师时的困窘,踌躇满志地希望为刚入职的教师们做点儿什么;另一方面,又因为参与撰写的老师都是一线的教学人员和管理人员,缺乏搭建图书整体框架、梳理资料和文本撰写的经验而忐忑不安。好在撰写思路与整体框架得到了西南大学出版社郑持军社长和西南大学宋乃庆教授的充分肯定,并得到了任志林编辑、江北区教师进修学院李大圣院长、重庆市教师发展中心田伟主任的细心指导,才又重塑了我们解决问题的信心。

我们秉着以问题为导向,以读者为中心的原则,结合教育部 2020 年"国培计划"有关项目实施指南——《新教师入职培训指南》以及《中小学教师专业标准》,把搜集到的关于新教师的 100 多个问题进行归类,围绕"班级管理与育德体验""教学准备与教学体验""角色适应与专业成长"等三个方面共 50 个问题进行了解答。六位专家做的专业性的点评,增加了书稿的理论高度、实践深度和价值厚度。总体而言,本书具有以下特点。

第一,问题切合实际。新入职教师即将开启人生的新征程,直面日常问题是必修的第一课:第一天、第一个月、第一学期有哪些工作需要规范?第一次升旗仪式如何让自己的班级精彩亮相?第一册、第一单元、第一课怎么备?第一堂课如何吸引学生?如何与家长、孩子、同事进行沟通?等等。本书所呈现的问题真实存在,教师入职后也肯定会遇到。虽然案例与策略并没有你想象的那样完美,但这些都是一线教师的真实经验和人生积淀。

第二,素材朴实。贴地而行,用案例来说话,从日常案例中总结策略和方法,是本书的主要特点之一。这些案例是教育生活的萃取,有的来自日常教学的片段,有的是危机的化解方法,有的则是教育比赛的成果……朴实的背后也能从不同的角度折射出教育生活的丰富与多彩。

"重庆市璧山区曾佑惠德育工作室"的全体学员全程参与了本书的撰写,同时,重庆、北京、山东、广东、河北等地的名师也对本书给予了大力支持。写作者中,有刚入职几年的教师,也有校级或区级骨干,更多的是省市级骨干教师以及省市级名师、特级教师、学科带头人、年度教师,如黄仕泽、崔成林、李洪兵、王文龙、卢祖容、赵查等,还有全国模范教师韩宜奋、全国优秀教师赵冬梅、全国赛课特等奖第一名的冯栎钧老师,他们都接受了邀请并热情助力。崔成林教授甚至带着自己的团队,全力相助书稿的撰写。衷心感谢所有文稿与参考案例作者的辛勤付出。

衷心感谢六位专家的倾情点评。本书最初分为六个部分,海南师范大学教育学院教授、博士生导师易连云点评"育德"部分,中国教育学会评价办公室秦建平主任和重庆市江北区教师进修学院李大圣院长共同点评"教学"部分,西南大学心理学部教授、硕士生导师刘衍玲点评"沟通"与"自我管理"部分,北京教科院课程中心副主任王凯点评"信息技术能力"部分,重庆教师发展中心田伟主任点评"专业成长"部分。最后在田伟主任、李大圣院长等专家的指导下,经过反复研磨,最终把六个部分整合为三个篇章,即把"育德"与"沟通"的内容重构为第一篇章"班级管理与育德体验","教学"部分独立为第二篇章"教学准备与教学体验","自我管理""信息技术能力"与"专业成长"重构为第三篇章"角色适应与专业成长",少数篇目略有微调。新冠肺炎疫情期间困难重重,可是每位专家都欣然应允对章节进行点评,令人感动! 尤其是易连云教授,不假思索地答应、勾画重点、截图与我研讨、打印修改、精心点评,每个环节都一丝不苟。我收到反馈后,才知道他当时经受了高血压、牙疼又因疫情无法外出买药的痛苦折磨,而且一只眼睛刚做完白内障手术,视力受到严重影响,但对于我们的请求却没有表现出丝毫的怨言与推辞,全力以赴,克服困难并按时高质量完成点评,还对很多文章都提出了修改的建议和意见。可以说,每一个文字都浸透着专家们对编者、作者与读者的真切关怀,这是教育初心的真实坚守,也是以德育德的鲜活案例,更是师德、专业精神与工匠精神的完美展现!

衷心感谢《教育时报》原首席编辑黄杰老师对全书文字的校对,对语言的修改润色;感谢参与审核校对的尹彤、王廷梅、杨罗乐、龚灿、刘祝、李静、朱敏涛、张鉴康等教研员们,大家字斟句酌,不放过任何一个小问题;感谢黎倩、周洪、唐迎暄、谢露、许小惠、王誉岑、周海峰、雷飞燕、王坤俊等老师提供的宝贵案例,让本书的内容更加丰富、更加充实。

衷心感谢《中国教师报·区域教育周刊》王占伟主编为本书写序,以及对我个人、我的德育工作室、璧山教育的持续关注与支持。尤其要感谢宋乃庆教授,在听我简要汇报了书稿的框架和意图后,马上就联想到苏霍姆林斯基《给教师的一百条建议》,对我们基于实践层面针对新教师的问题提出操作策略表示赞赏。然后让我把文稿发过去,并很快就进行了回复,同时答应了为本书写序。更为难得的是,宋教授对书稿不是匆匆浏览,而是仔细研读,不仅对全书的框架设置,还对文章的遣词造句提出了宝贵的意见。宋教授严谨的精神、谦和的态度、充分的肯定与鼎力的支持,都已经化作一股无形的力量,浸润到编写者的脑海里,转化成对工作的无限热情,不胜感激!

最后也要衷心感谢朱君涛校长的鼎力支持,朱校长虽然刚刚上任,但是为书稿的顺利出版提供了保障。感谢进修学校所有关心与支持我们的老师们,感谢所有提供支持和帮助的领导、专家、朋友和亲人,这里就不一一列举,敬请包涵。

泰戈尔曾说:"世界上使社会变得伟大的人,正是那些有勇气在生活中尝试和解决人生新问题的人!"积极面对问题,在分析与解决问题的过程中,不断磨练自己;在日积月累的修炼中,不断生长内部能量;为教育提供持续的温度,让每一个孩子都因你而幸福。这就是编写者最大的心愿。

本书内容在撰写过程中难免有疏漏和不妥之处,诚请读者、同行指正!

曾佑惠

2020年6月1日

参考文献

[1] [美]詹姆斯·波帕姆.教师课堂教学评价指南(第5版)[M].王本陆,等译.重庆:重庆大学出版社,2010.

[2] 朱永新.新教育[M].北京:文化艺术出版社,2010.

[3] [英]马克·克洛普利.如何才能没压力[M].牟微微,译.北京:中国友谊出版公司,2017.

[4] 朱永新.致教师[M].武汉:长江文艺出版社,2016.

[5] [日]佐藤学.教师花传书:专家型教师的成长[M].陈静静,译.上海:华东师大出版社,2016.